NOUVEAU BAC

PROFIL BAC

Collection initiée par Georges Décote

MARIVAUX

Les Fausses Confidences

1737

Théâtre et stratagème

Hubert Curial
Professeur des Universités

W0414844

Hatier

Maquette intérieure : Studio Favre & Lhaïk
Mise en pages : CB Defretin

© Hatier, 2021 ISBN 978-2-401-063730
Sous réserve des exceptions légales, toute représentation ou reproduction, faite sans le consentement de l'auteur ou de ses ayants droit, est illicite et constitue une contrefaçon sanctionnée par le Code de la Propriété Intellectuelle. Le CFC est le seul habilité à délivrer des autorisations de reproduction par reprographie, sous réserve en cas d'utilisation aux fins de vente, de location, de publicité ou de promotion de l'accord de l'auteur ou des ayants droit.

SOMMAIRE

FICHE PROFIL

Les Fausses Confidences (1737)

Marivaux (1688-1763)

THÉÂTRE, XVIIIE SIÈCLE

RÉSUMÉ

- **Acte I.** Dorante rêve d'épouser la riche Araminte, qu'il aime passionnément. Mais trop de différences sociales les séparent. Ancien valet de Dorante passé au service d'Araminte, Dubois s'est pourtant mis en tête de les marier. Aussi fait-il embaucher Dorante comme « intendant » d'Araminte. Oncle de Dorante, M. Remy songe, lui, à fiancer son neveu à Marton, la « suivante » de la maison. Quant à madame Argante, la mère d'Araminte, elle travaille à marier sa fille au comte Dorimont. Dubois révèle à Araminte l'amour que lui porte Dorante et la pousse à le congédier au plus vite. Sensible au charme et à l'honnêteté de son intendant, Araminte n'en fait rien.
- **Acte II.** Manipulé à son insu par Dubois, M. Remy vient rechercher Dorante : une femme riche, dit-il, souhaite l'épouser. Refus de Dorante, qui, en présence d'Araminte, dit aimer ailleurs. Un jeune ouvrier apporte une boîte contenant le portrait d'une femme. Convaincue que c'est le sien, Marton s'empare de la boîte. À son ouverture, chacun découvre qu'il s'agit du portrait d'Araminte. Une querelle éclate au sujet d'un tableau représentant Araminte et qui se trouve dans la chambre de Dorante. Arlequin s'oppose à ce que Dubois le décroche. Araminte tente en vain de faire avouer à Dorante son amour, afin d'avoir un prétexte à le renvoyer.
- **Acte III.** Dorante écrit une lettre destinée à être interceptée par Marton et dans laquelle il confie à un ami son désir de s'embarquer avec lui pour les Amériques. Sa lecture convainc madame Argante, le Comte et Marton, qui se sent trahie, de tout faire pour chasser Dorante. Devant se décider au plus vite, Araminte finit par dire à Dorante qu'elle l'aime. Celui-ci lui révèle alors le rôle de Dubois dans toute l'histoire. Étonnée, Araminte lui pardonne ses ruses.

PERSONNAGES PRINCIPAUX

- **Araminte** : veuve d'un riche financier et femme du monde, elle se surprend à aimer le modeste mais charmant Dorante qu'elle décide d'épouser, en dépit de tous les préjugés sociaux.
- **Dorante** : fils d'un avocat ruiné, il est amoureux fou d'Araminte, chez qui il se fait embaucher comme intendant.
- **Dubois** : valet stratège, il est le maître d'œuvre de la conquête amoureuse, par Dorante, d'Araminte.
- **Marton** : suivante, femme de confiance, d'Araminte, elle s'éprend, sur un quiproquo, de Dorante avant de comprendre son erreur.
- **Madame Argante** : mère d'Araminte, femme acariâtre et méprisante, qui rêve, pour sa fille, d'un grand remariage avec le comte Dorimont.
- **Le comte Dorimont** : aristocrate déplaisant, promis toutefois à un bel avenir, il est le rival malheureux de Dorante.

AXES DE LECTURE

1. Un thème clé : la surprise de l'amour

Une analyse de la naissance de l'amour. Araminte aime avant d'en prendre conscience et en est la première surprise.

2. L'amour, le mariage et l'argent

Une pièce sur les rapports de l'amour et de l'argent, ainsi que sur les préjugés sociaux qui condamnent toute mésalliance.

3. Le marivaudage

Chez Marivaux, les plus grands obstacles à la passion résident non dans une opposition extérieure aux personnages, mais à l'intérieur d'eux-mêmes. Ce cheminement de la passion, révélé par le langage, constitue le marivaudage.

4. Théâtre et stratagème

tratège de génie, Dubois suscite par des manœuvres et ausses confidences », l'amour d'Araminte.

PREMIÈRE PARTIE

Résumés & repères pour la lecture

ACTE I

Scène 1

RÉSUMÉ

Valet d'Araminte, Arlequin introduit Dorante dans la salle de réception d'une maison bourgeoise. Il l'y fait patienter, le temps que vienne l'accueillir mademoiselle Marton, la suivante de Madame. Il se propose, en attendant, de lui tenir compagnie. Dorante dit vouloir rester seul.

REPÈRES POUR LA LECTURE

Un début d'exposition énigmatique

Cette première et courte scène soulève plusieurs questions, toutes sans réponse à ce stade. Qui est Dorante ? Quels sont les motifs de sa visite ? Qui de Marton ou d'Araminte souhaite-t-il voir ? Pourquoi veut-il demeurer seul ? L'intérêt dramatique est lancé.

Arlequin poli par ses nouvelles fonctions

Arlequin est un personnage type de la commedia dell'arte italienne où il incarnait traditionnellement un valet rustre, glouton, toujours à l'affût de gagner de l'argent. Servir Araminte lui a inculqué quelques bonnes manières, sans lui faire perdre ses maladresses : il a « ordre » d'être poli ! Sa naïveté et ses efforts font sourire.

La Commedia dell'arte

Née au XVIe siècle en Italie et signifiant « la comédie des gens du métier (les acteurs) », la commedia dell'arte désigne une comédie populaire, faisant une large part au jeu des acteurs. Ses personnages étaient des types traditionnels, tels que le Capitan (le soldat fanfaron), Polichinelle (un bossu napolitain) ou Arlequin.

Scène 2

RÉSUMÉ

• Ancien valet de Dorante, passé au service d'Araminte, Dubois survient « avec un air de mystère ». C'est que les deux hommes ne sont pas censés se connaître. Dubois se fait confirmer par Dorante que monsieur Remy, l'oncle de celui-ci, ne sait rien de leur projet. Officiellement, Dorante vient sur la recommandation de son oncle postuler pour la place d'intendant d'Araminte. Officieusement, avec l'aide de Dubois, il va tenter de se faire aimer d'elle, dont il est amoureux.

• Mais l'entreprise lui semble d'avance vouée à l'échec, tant sont énormes les différences sociales. Araminte est une veuve fort riche, ayant une vie mondaine et de hautes relations. Lui, n'est qu'un modeste bourgeois ruiné. Dubois balaie toutes ces objections et lui garantit le succès. Dorante a un charme fou, auquel Araminte ne résistera pas.

REPÈRES POUR LA LECTURE

Suite et fin de l'exposition

L'enjeu en est désormais clair : Dorante épousera-t-il Araminte ? Ses chances sont a priori fort minces. Dubois réussira-t-il malgré tout à lui faire épouser cette femme qu'il aime ?

Dubois, valet vantard ou génial stratège ?

Dubois apparaît comme l'âme de cette entreprise de séduction amoureuse. Sûr de lui, il ne doute pas un instant de sa victoire : « Vous réussirez, vous dis-je. Je m'en charge, je le veux. » Son ton est parfois d'une grandiloquence comique : « L'Amour et moi ferons le reste. » Se vante-t-il ? Ou est-il un génial manipulateur ? Ancien valet de Dorante, il se comporte comme son véritable maître et s'installe d'emblée dans la position du meneur de jeu.

Scène 3

RÉSUMÉ

Oncle de Dorante, monsieur Remy, qui ignore tout des sentiments réels de son neveu, lui conseille d'épouser Marton. Elle est jeune, jolie et héritera un jour d'une « vieille parente asthmatique ». Lui, Dorante, n'a rien et n'est même pas assuré d'hériter de son oncle. Celui-ci peut en effet se marier, avoir des enfants qui entreront légalement en possession de tous ses biens. Dorante promet de réfléchir à la question.

REPÈRES POUR LA LECTURE

Un homme de loi très terre à terre

Monsieur Remy est le « procureur » d'Araminte, c'est-à-dire que, sans être son avocat, il la représente et défend ses intérêts devant un tribunal. L'homme possède un solide sens des réalités : tout se réduit pour lui à des questions d'argent, même le mariage. Il est franc, direct, et sa manière de s'exprimer prête à sourire : « avec une femme, on a des enfants, c'est la coutume ».

Naissance d'une intrigue secondaire

À peine lancée, l'action se complique. Sur l'intrigue principale – l'éventuel mariage de Dorante avec Araminte – vient se greffer une intrigue secondaire qui peut en entraver le cours : celle, a priori plus réaliste, d'un mariage de Dorante avec Marton.

Scène 4

RÉSUMÉ

Monsieur Remy présente Dorante à Marton, à qui il fait croire que son neveu s'intéresse à elle. Expéditif, il les fiance aussitôt, malgré la gêne de Dorante et l'étonnement amusé de Marton.

REPÈRES POUR LA LECTURE

Marton, une suivante aimable et surprise

Suivante d'Araminte, c'est-à-dire femme de confiance de celle-ci, Marton est une jeune femme enjouée. Par quatre fois, une didascalie la montre « riant » aux propos des deux hommes, et une fois en train de sourire. Sa gaieté lui sert de prudence et de protection. Marton n'approuve ni ne désapprouve le projet de monsieur Remy : « Je craindrais d'aller trop vite », dit-elle.

Formation d'un malentendu

Selon une autre didascalie, Dorante se révèle « embarrassé ». De peur de se faire une ennemie de Marton, il ne repousse pas formellement l'idée de l'épouser, alors qu'il n'en a nullement l'intention. Son silence peut être lourd de menaces pour l'avenir.

Scène 5

RÉSUMÉ

Monsieur Remy laisse Marton et Dorante seuls. Marton s'étonne de la rapidité des événements. Dorante se réfugie dans l'ambiguïté. Il va attendre sur la « terrasse » que Marton revienne avec Araminte.

REPÈRE POUR LA LECTURE

Une réponse à double sens

Marton demande à Dorante si son amour sera aussi « durable » qu'il est « prompt ». « Autant l'un que l'autre », lui répond Dorante. Formule ambiguë, pouvant s'interpréter de deux façons contradictoires. Dorante veut-il dire que son amour durera aussi longtemps que sa naissance a été rapide, qu'il est donc éphémère ? Ou, au contraire, qu'il perdurera ? Le malentendu s'accroît.

Scène 6

RÉSUMÉ

Araminte remarque d'emblée la « très bonne façon » de Dorante, son charme ainsi que sa manière de la saluer « si gracieusement ». Apprenant par Marton les raisons de sa présence, Araminte hésite à l'embaucher tant « il a si bonne mine pour un intendant ». Marton vante ses qualités, pousse à son embauche et se soucie des conditions matérielles de son installation.

REPÈRES POUR LA LECTURE

Premier regard, premier trouble, première fausse excuse

Araminte s'émeut dès qu'elle aperçoit Dorante – exactement comme l'a prévu Dubois (I, 2). Son hésitation à l'engager témoigne de son trouble à l'idée d'avoir en permanence près d'elle un homme aussi séduisant. « N'en dira-t-on rien ? », se demande-t-elle. C'est une fausse excuse, mais révélatrice de ses réactions. Araminte prête aux autres l'idée qu'un tel intendant pourrait ne pas seulement être son intendant. Inconsciemment, cette hypothèse vient de naître en elle.

Marton, alliée de Dorante

Marton balaie ironiquement l'hésitation de sa maîtresse : « Est-on obligé de n'avoir que des intendants mal faits ? ». Elle se préoccupe aussitôt des intérêts de Dorante, comme s'il s'agissait des siens. Araminte acquiesce à sa proposition de le loger dans le « petit appartement qui donne sur le jardin ». Même si elles ne le savent pas encore, les deux femmes s'intéressent au même homme et sont désormais de potentielles rivales.

Scène 7

RÉSUMÉ

Dorante rassure Araminte sur ses compétences : son père était avocat et lui-même pourrait l'être. Étonnement d'Araminte : Dorante s'apprête donc à occuper un emploi en dessous de sa condition sociale et de sa formation intellectuelle. Réponse galante de Dorante : servir une « dame » comme Araminte n'est en dessous de la condition de personne. Araminte ne relève pas le compliment mais s'avoue « fâchée de voir d'honnêtes gens sans fortune, tandis qu'une infinité de gens de rien, et sans mérite, en ont une éclatante ». Aussi Dorante bénéficiera-t-il de « tous les égards » dus à son « mérite ». À « trente ans », estime-t-elle encore, il a « le temps de devenir heureux ». Sur le conseil de Marton, Araminte lui donne Arlequin pour le servir.

REPÈRE POUR LA LECTURE

Une embauche et des aveux

• C'est la première entrevue d'Araminte et de Dorante. Elle est d'ordre professionnel : Araminte est dans la situation de l'employeuse et Dorante dans celle de l'employé. Mais sous cet entretien d'embauche affleure une réalité plus intime. Araminte se montre d'une grande prévenance envers Dorante, qu'elle justifie par un besoin de réparer une injustice sociale. C'est peut-être vrai. Mais le dirait-elle à propos d'un homme qui serait moins charmant que Dorante ? En outre, en remarquant qu'à « trente ans » celui-ci a encore le temps d'être heureux, elle fait inconsciemment un double aveu : d'abord de son âge, elle a plus de trente ans ; de son renoncement ensuite à toute nouvelle possibilité de bonheur. Être heureux, Dorante dit commencer à « l'être d'aujourd'hui ».

• La situation affective sous-jacente des deux personnages est ainsi plus complexe que leur situation officielle. Elle met face à face un homme séduisant qui veut croire à son bonheur et une femme troublée mais qui s'est affectivement endormie ou qui s'est résignée à ne plus être heureuse.

Scènes 8 et 9

RÉSUMÉ

Fidèle à la tradition qui fait de lui un valet stupide, Arlequin refuse qu'Araminte le « donne » à Dorante, au motif que sa personne lui appartient en propre. Il ajoute que ce serait une injustice et une forme de « friponnerie » : il servirait celui qui ne lui paierait pas de gages et ne servirait pas la femme qui les lui paierait. Désespérant de lui faire entendre raison, Araminte laisse Marton lui expliquer ce qu'il en est (scène 8). Stupide sauf quand il s'agit de ses intérêts, Arlequin soutire à Dorante de l'argent qu'il s'empresse d'aller dépenser en buvant à la santé de son nouveau maître (scène 9).

REPÈRE POUR LA LECTURE

Deux scènes comiques

Dans la scène 8, le comique naît d'un malentendu sur le sens du verbe « donner », qui signifie en la circonstance « se mettre au service de quelqu'un » et non « mettre quelqu'un en possession de quelque chose ». La scène 9 relève du comique de farce, fondé sur une petite escroquerie d'Arlequin, à laquelle Dorante se prête d'ailleurs de bonne grâce.

Scène 10

RÉSUMÉ

• Surgit, très en colère, madame Argan, la mère d'Araminte. Prendre un inconnu comme intendant lui semble désobligeant pour le comte Dorimont qui s'était engagé à en proposer un à sa fille. Marton lui présente Dorante dont elle se défie aussitôt. Madame Argante le juge trop jeune, trop bien fait de sa personne, trop inexpérimenté et trop honnête. Un contentieux juridique, lui explique-t-elle, oppose Araminte au comte Dorimont pour déterminer à qui des deux appartiendrait « une terre considérable ». Leur mariage rendrait inutile tout procès ; sa fille deviendrait comtesse et l'épouse d'un homme promis à un grand avenir.

• Madame Argante demande donc à Dorante de dire à Araminte qu'elle n'a aucune chance de gagner son éventuel procès contre le Comte. Dorante se refuse à mentir à Araminte et à la pousser ainsi à un mariage qui ne ferait peut-être pas son bonheur. Indignation de madame Argante : en tant que mère, elle sait mieux que personne ce qui convient à sa fille ! Elle ordonne à Dorante de « la tromper à son avantage ». Nouveau refus de Dorante. Madame Argante s'en retourne aussi brusquement qu'elle était venue, tout en souhaitant que Dorante soit renvoyé au plus vite.

REPÈRE POUR LA LECTURE

Madame Argante, mère autoritaire et femme vaniteuse

• Madame Argante rêve, par le mariage de sa fille avec un comte, d'une ascension sociale qu'elle n'a pu réaliser pour elle-même. Ce genre d'union entre une femme de la haute bourgeoisie et l'aristocratie était depuis longtemps une pratique courante : la mariée apportait une belle dot et le marié un nom prestigieux. Or, selon sa mère, Araminte, qui est riche, manque d'« élévation », c'est-à-dire d'ambition. « Le beau nom de Dorimont et le rang de comtesse ne la touchent pas assez ; elle ne sent pas le désagrément qu'il y a de n'être qu'une bourgeoise. » D'où l'insistance de madame Argante à vouloir marier sa fille avec le Comte, quitte à recourir à des moyens peu recommandables.

• Sa brutalité envers Dorante, son autoritarisme et son immoralisme la rendent immédiatement antipathique, même si sa colère et sa mauvaise foi font d'elle un personnage comique.

Scène 11

RÉSUMÉ

Marton incite Dorante, avec qui elle reste seule, à mentir à Araminte. Ce ne sera pas vraiment « une tromperie » puisque Mme Argante le lui demande. L'argument ne convainc pas Dorante. Si la mère veut qu'il pousse la fille à épouser le Comte, c'est, dit-il, qu'elle n'y est pas spontanément portée. Marton l'admet puis révèle alors que le Comte a passé un marché avec elle. Contre son aide, il lui a promis la coquette somme de « mille écus » payables le jour de son mariage avec Araminte. Dorante s'indigne, Marton ne voit pas pourquoi. Si, comme le souhaite monsieur Remy, tous deux doivent un jour se marier, ces mille écus seront autant pour lui que pour elle.

REPÈRE POUR LA LECTURE

Le nouveau visage de Marton

Marton révèle un nouvel aspect de sa personnalité : on la savait d'un naturel enjoué (I, 4), on la découvre intéressée. L'espoir de gagner « mille écus » la pousse à trahir la confiance de sa maîtresse. Elle le fait en toute bonne conscience, seconder dans ces conditions les projets du Comte ne lui paraissant pas une « malhonnêteté ». Sans le savoir, elle nuit à Dorante, qui doit désormais la considérer comme son ennemie.

Scène 12

RÉSUMÉ

Désapprouvant les propos et le comportement de sa mère, Araminte remercie Dorante de sa loyauté à son égard. Aussi veillera-t-elle à ce qu'à l'avenir personne ne lui cherche querelle. Elle s'apprête à l'entretenir de son procès pour le cas où elle n'épouserait pas le Comte quand surgit Dubois.

REPÈRE POUR LA LECTURE

Le soutien d'Araminte à Dorante

En refusant d'entrer dans le jeu de madame Argante, Dorante vient de gagner la confiance d'Araminte. Aussi celle-ci s'érige-t-elle en son soutien et défenseur. Comme lors de leur première rencontre, Araminte habille sa bienveillance de considérations morales : « On aura de mauvais procédés avec vous, parce que vous en avez d'estimables ; cela serait plaisant ! » Même si c'est encore à titre d'hypothèse, elle envisage pour la première fois et à voix haute de ne pas épouser le Comte. Dorante qui voyait jusqu'ici se renforcer le camp de son rival, peut au moins fugitivement reprendre espoir.

Scène 13

RÉSUMÉ

L'irruption soudaine de Dubois interrompt la conversation d'Araminte et de Dorante. Comme le précisent les didascalies, Dubois « feint de voir Dorante avec surprise » tandis que « Dorante feint de détourner la tête, pour se cacher de Dubois ». Cette réaction des deux hommes n'échappe pas à Araminte, à qui Dubois demande à parler « en particulier ». Araminte prie Dorante de la laisser seule.

REPÈRE POUR LA LECTURE

Une surprise bien calculée

Le jeu auquel se prêtent Dubois et Dorante fait partie de leur plan. Leur fausse surprise de se revoir n'a qu'un but : créer une vraie surprise chez Araminte et susciter sa curiosité, que Dubois accentue en souhaitant lui dire seul à seul « un mot qui presse ».

Scène 14

RÉSUMÉ

Dubois demande son congé à Araminte : il connaît trop bien Dorante, dont il fut le valet et qu'il a quitté parce qu'il était fou, « timbré ; mais timbré comme cent ». Voilà six mois qu'il « extravague d'amour ». Chagriné, « un peu boudant », Araminte envisage de se séparer au plus vite de Dorante, qui, ajoute-t-elle, s'est sans doute épris d'une femme qui « n'en vaut pas la peine ». Dubois la détrompe : cette femme, c'est elle. Il lui relate comment Dorante l'a rencontrée, comment il n'a depuis cessé de partout la suivre et la voir, sans jamais oser l'aborder ni lui parler. Araminte prend Dorante en pitié, décide d'attendre avant de le renvoyer. Elle refuse que Dubois la quitte et lui demande de garder le secret sur ce qu'il vient de lui dire.

REPÈRES POUR LA LECTURE

Un aveu indirect de Dorante

Étape importante de sa stratégie, Dubois révèle à Araminte l'amour fou que lui voue Dorante. Que ce dernier, à peine embauché, se déclare lui-même était évidemment inconcevable : c'était la certitude d'être éconduit sur-le-champ. D'où les révélations de Dubois, qui constituent un aveu indirect, par personne interposée.

Un aveu troublant pour Araminte

Araminte est de plus en plus bouleversée par ce que lui apprend Dubois : non seulement elle se découvre aimée, mais adorée. Elle est la femme unique, préférée à toutes, même riches et « de bonne famille ». Dubois lui raconte un roman d'amour dont elle est l'héroïne. Les réactions d'Araminte – sa bouderie passagère, sa feinte indifférence, sa décision de renvoyer puis de garder Dorante – montrent qu'elle est de plus en plus émue. Preuve ultime, elle demande à Dubois de n'en parler à personne. Désormais Araminte ne pourra plus voir Dorante comme son simple intendant. Elle sait qu'il l'aime, et lui sait qu'elle sait. Leurs relations ne pourront plus jamais être les mêmes.

Scène 15

RÉSUMÉ

En aparté, Araminte s'avoue qu'elle se serait bien passée des confidences de Dubois. Dorante revient lui demander ses instructions concernant son litige avec le Comte. Araminte le dessaisit de l'affaire, n'étant plus certaine de pouvoir le garder à son service. Elle a en effet « promis à monsieur le Comte de prendre un intendant de sa main ». Désespoir de Dorante, qui accroît le trouble d'Araminte. N'ayant pas le courage de « l'affliger », elle le charge de continuer à étudier le dossier.

REPÈRE POUR LA LECTURE

L'émotion d'Araminte

La scène s'ouvre et se clôt sur des apartés révélateurs de l'état émotionnel d'Araminte. La présence de Dorante lui fait oublier ce qu'elle lui disait avant les révélations de Dubois. Elle revient dans un premier temps sur sa décision de le garder auprès d'elle puis, devant sa souffrance, décide dans un second temps de le garder tout de même. Son trouble est tel qu'elle met fin à la conversation, car elle n'ose presque plus le regarder et lui parler.

Scène 16

RÉSUMÉ

Dorante et Dubois se rencontrent brièvement. Dorante ne cache pas sa joie et Dubois sa certitude de parvenir à ses fins : « Elle n'en réchappera point », dit-il avant de s'éclipser discrètement. Il a « un petit avis à donner à Marton ».

REPÈRE POUR LA LECTURE

Premier bilan

La scène – l'avant-dernière de ce premier acte – constitue un bref point d'étape. Tout se passe comme Dubois l'a prévu, pour le plus grand bonheur de Dorante. Si elle ne s'est pas encore éprise de Dorante, Araminte se trouble déjà en sa présence et se ment à elle-même : selon Dubois, « elle espère vous [Dorante] guérir par l'habitude de la voir ». Si elle dresse un premier bilan, la scène relance aussi l'intérêt dramatique : que veut dire Dubois à Marton ?

Scène 17

RÉSUMÉ

Dubois confie à Marton qu'il se méfie de Dorante. Il le soupçonne de faire « les yeux doux » à Araminte et de n'être devenu intendant que pour « la voir de plus près ». Marton en rit et laisse entendre à Dubois qu'il est un sot, qui ne comprend rien à rien. Celui-ci la quitte pour « faire jouer » d'autres « batteries ».

REPÈRE POUR LA LECTURE

Vérité pour l'un, fiction pour l'autre

Dubois dit à Marton l'exacte vérité : Dorante est bien amoureux d'Araminte et ne s'est fait embaucher comme intendant que pour mieux l'approcher. Convaincue que Dorante l'aime, Marton n'en croit pas un mot. Dubois s'en fait ainsi une alliée pour le jour où la vérité éclatera : il l'aura prévenue. En attendant, par prudence et par intérêt, Marton ne peut que favoriser les projets du Comte et par là même indisposer Araminte. Il s'agit désormais pour Dubois de déployer d'autres éléments de sa stratégie.

point grammatical

LA PROPOSITION SUBORDONNÉE CIRCONSTANCIELLE DE CONSÉQUENCE

• **Définition.** Comme son nom l'indique, cette proposition exprime un rapport de conséquence entre deux actions, l'une résultant de l'autre. La proposition subordonnée circonstancielle de conséquence est introduite par des locutions conjonctives, telles que : *de sorte que, de manière que, à un tel point que, si... que, tant... que.*

• **Relevé.**

« Il a *si* bonne mine pour un intendant, *que* je me fais quelque scrupule de le prendre » (I, 6).

« Madame la comtesse Dorimont aurait un rang *si* élevé, irait de pair avec des personnes d'une *si* grande distinction, *qu*'il me tarde de voir ce mariage conclu » (I, 10).

• **Interprétation.** Dans les deux exemples cités, la proposition subordonnée est complément circonstanciel de conséquence de la proposition principale qui la commande. S'y ajoute l'expression d'une intensité (« si... que ») qui rend cette conséquence d'autant plus importante ou pressante. Araminte pense ainsi que Dorante est *trop* beau pour n'être que son intendant. Elle avoue ainsi inconsciemment le penchant qu'elle ressent pour lui.

ACTE II

Scène 1

RÉSUMÉ

• Dorante informe Araminte qu'elle gagnera à coup sûr son procès contre le Comte si elle décide d'aller devant les tribunaux. Si la peur de perdre en justice était l'unique motivation de son mariage avec le Comte, elle n'a donc plus aucune raison de l'épouser.

• Araminte lui dit encore hésiter : éconduire le Comte l'affligerait trop ; et Dorante lui semble trop hostile au mariage pour être totalement objectif. Le « concierge » de son château en province étant décédé, la conversation porte sur le choix de son successeur. Dorante suggère d'y envoyer Dubois. Araminte, qui a besoin de lui, s'y refuse. « Feignant un peu d'embarras », Dorante finit par avouer qu'il se méfie de Dubois, les domestiques disant rarement du bien de leurs anciens maîtres.

REPÈRES POUR LA LECTURE

Un double prolongement

La scène s'inscrit dans la continuité des scènes 10, 11 et 12 du premier acte, où il était question du contentieux opposant Araminte au Comte au sujet d'un titre de propriété et de sa résolution par un mariage. Elle fait également suite à la scène 15, dans laquelle Araminte confiait à Dorante le soin d'examiner juridiquement son affaire. L'action connaît donc une progression linéaire.

Une double « fausse confidence »

Araminte teste les réactions de Dorante dont elle sait qu'il l'aime en le maintenant dans une complète incertitude : elle lui dit tantôt vouloir épouser le Comte et tantôt l'attaquer en justice, ce qui est contradictoire. Dorante, qui sait qu'Araminte sait, n'hésite pas de son côté à lui mentir en lui avouant se méfier de Dubois. Il renforce ainsi la crédibilité de celui-ci auprès d'Araminte.

Scène 2

RÉSUMÉ

Survient M. Remy, qui, en présence d'Araminte, somme son neveu de quitter sa place : une femme, jolie et riche de « quinze mille livres de rente », désire l'épouser. Dorante refuse, car, dit-il, il aime « ailleurs ». Incompréhension de M. Remy qui prend Araminte à témoin. Ne faut-il pas, lui demande-t-il, être un « imbécile », un « insensé », un « extravagant » pour décliner pareille proposition ? Araminte excuse Dorante, du moins « sa façon de penser », puis quitte les deux hommes pour ne pas laisser voir son émotion.

REPÈRES POUR LA LECTURE

Une manœuvre de Dubois

Dubois manipule à son insu M. Remy à qui il fait jouer le rôle d'intermédiaire (pour ne pas dire d'entremetteur, ce qui serait trop péjoratif). L'histoire de cette femme éprise de Dorante a tout d'un roman, et d'un roman précisément écrit pour Araminte. Comme Araminte, cette femme qui est de haute naissance (« de quelque distinction »), qui est évidemment jolie et qui possède une belle fortune veut épouser Dorante. C'est pousser Araminte à ne pas s'arrêter aux différences sociales et au qu'en-dira-t-on ? C'est lui montrer qu'elle peut avoir des rivales si elle ne décide pas très vite.

Une conversation codée

Tout l'intérêt de la scène réside dans la présence d'Araminte. Dorante s'adresse en effet moins à son oncle qu'à elle quand il dit aimer « ailleurs » et que son amour lui est « plus cher » que la vie. Araminte sait que Dorante parle d'elle ; d'où « l'excuse » qu'elle lui donne et son émotion qu'elle trahit dans son aparté final : « Il me touche tant, qu'il faut que je m'en aille ! »

Scène 3

RÉSUMÉ

M. Remy raconte à Marton ce qui vient de se passer et lui demande de l'aider à rendre Dorante « plus sage ». Pensant que Dorante refuse un beau parti à cause d'elle, Marton approuve son fiancé et dit ne l'en estimer que davantage. Nouvelle et totale incompréhension de M. Remy, qui traite Dorante d'« idiot » et qui, de colère, le déshérite.

REPÈRE POUR LA LECTURE

Un quiproquo… inquiétant

Dorante aime, mais qui ? Lui sait qu'il s'agit d'Araminte. Mais Marton pense logiquement qu'il s'agit d'elle depuis que M. Remy l'a fiancée à Dorante (I, 4). Il y a donc erreur sur la personne : c'est la définition même du quiproquo. Source en principe de comique, il est ici lourd de menaces pour l'avenir. Dorante qui ne la dément pas risque en effet de faire de Marton son ennemie dès qu'elle se rendra compte de son erreur.

Scène 4

RÉSUMÉ

Le Comte confie à Marton qu'il est prêt à acheter Dorante pour qu'il dise à Araminte qu'elle perdra son procès contre lui. Marton lui répond que « c'est le garçon de France le plus désintéressé ». « Tant pis ! ces gens-là ne sont bons à rien », lâche le Comte. Marton lui demande de la laisser faire.

REPÈRE POUR LA LECTURE

Un Comte fort déplaisant

C'est la première apparition du Comte sur scène. Il est d'emblée antipathique. Immoral, il cherche à corrompre Dorante, en espérant obtenir de lui un faux témoignage. Méprisant, il n'estime aucunement ces « gens-là » qui sont honnêtes et qui, à ses yeux, ne sont « bons à rien ». Le Comte, pour qui l'argent semble tout permettre, incarne un aristocrate sans conscience ni scrupule.

Scènes 5, 6, 7 et 8

RÉSUMÉ

Introduit par Arlequin (scène 5), un « garçon », jeune ouvrier, vient rendre le « portrait » d'une « dame » avec la « boîte » qu'on lui a commandé de fabriquer pour le contenir. Mais il ne sait pas à qui précisément il doit les rendre. Le Comte soupçonne qu'il s'agit du portrait d'Araminte et part s'informer (scène 6). Croyant que ce portrait est le sien, Marton récupère la « boîte » (scène 7). Intense bonheur de Marton, qui accueille Dorante avec « tendresse ». Dorante feint de ne pas comprendre, puis s'éloigne en « riant » : « Tout a réussi ! elle prend le change à merveille ! » se dit-il à lui-même (scène 8).

REPÈRE POUR LA LECTURE

Nouvelle manœuvre de Dubois

Ces quatre courtes scènes forment un bloc. La remise de la « boîte » à son commanditaire inconnu est une nouvelle machination de Dubois. Après avoir fait connaître à Araminte que Dorante l'aimait (I, 14), Dubois passe à la deuxième partie de son plan : commencer à rendre public l'amour de Dorante. Pour quelle femme ? Marton continue de penser qu'il s'agit d'elle, approfondissant ainsi le malentendu qui s'est installé depuis le début entre elle et Dorante. L'intuition du Comte est plus juste. Sa jalousie lui fait redouter qu'il s'agisse d'Araminte. Partant s'informer, il va contribuer à répandre la nouvelle.

Scène 9

RÉSUMÉ

Le Comte revient avec Araminte et madame Argante. Sommée de s'expliquer, Marton maintient que le portrait dont il est question est le sien. Madame Argante pense qu'il s'agit du portrait de sa fille, commandé par le Comte, qui, pourtant, nie l'avoir fait faire. Marton finit par avouer que c'est l'œuvre de Dorante. Araminte lui demande « vivement » la boîte, l'ouvre. Tous regardent et découvrent le portrait d'Araminte. Confusion et déception de Marton. Contre toute vraisemblance Araminte fait alors semblant de croire que c'est le Comte qui a fait faire son portrait.

REPÈRE POUR LA LECTURE

La découverte de la vérité, moment clé de l'intrigue

• L'amour de Dorante pour Araminte est désormais connu de tous : de madame Argante, du Comte, de Marton et, bien sûr, d'Araminte, qui en avait déjà été informée par Dubois. Dans le même temps, Araminte découvre la jalousie du Comte et elle lui dit craindre « un peu ce caractère d'esprit-là ». La vivacité avec laquelle elle prend la boîte des mains de Marton prouve qu'elle-même n'est pas exempte de jalousie : elle ne peut supporter l'idée que Marton soit sa rivale.

• Si dans sa conquête d'Araminte, Dorante, aidé par Dubois, remporte pour l'heure l'avantage, sa victoire n'est pas pour autant assurée. Déçus, blessés, Marton et le Comte, soutenus par madame Argante, ont toutes les raisons de se liguer contre lui.

Scène 10

RÉSUMÉ

Surviennent en se disputant et s'insultant Dubois et Arlequin. Dubois, qui prétend n'avoir qu'un mot à dire pour faire chasser Dorante, a décroché un tableau représentant Araminte de l'appartement qu'il préparait à son intention. Il ne jugeait pas « décent » que ce tableau y restât. Arlequin s'y est opposé parce qu'il avait surpris Dorante le contempler de « tout son cœur ». D'où leur querelle. Madame Argante approuve Dubois, et Araminte ironise sur les « contemplations » supposées de son intendant.

REPÈRE POUR LA LECTURE

Araminte piégée

Après la mystérieuse demande en mariage rapportée par M. Remy (II, 2), l'affaire du portrait et de la boîte (II, 5-8), l'épisode du tableau est la troisième manœuvre que Dubois effectue coup sur coup. Si l'incident confirme avec éclat ce que chacun sait déjà, il accentue la pression sur Araminte. Celle-ci ne pourra plus longtemps se réfugier dans l'ironie ou minimiser la situation. Elle est désormais comme piégée. Son intendant l'aime, chacun le sait, c'est socialement inacceptable : que va-t-elle décider ?

Scène 11

RÉSUMÉ

Madame Argante reproche à sa fille son aveuglement. Araminte lui répond « ironiquement » n'avoir aucune raison de se défaire d'un intendant qui la sert « bien » et « trop bien, peut-être ». Madame Argante demande alors qu'on interroge Dubois pour savoir ce qu'il voulait dire quand il affirmait pouvoir le faire chasser. Araminte accepte de le faire. Le Comte annonce se retirer le temps qu'elle congédie son intendant.

REPÈRE POUR LA LECTURE

L'ironie d'Araminte

Dans un premier temps, Araminte feint de ne pas comprendre ce que veut dire sa mère, alors qu'elle le sait très bien : « Qu'est-ce donc que vous voyez, et que je ne vois point ? » Son ironie est une esquive qui lui permet d'élaborer à son tour une stratégie : le renvoi de Dorante... si on lui « donne des motifs raisonnables » de le congédier. C'est une façon de gagner du temps. Il n'en reste pas moins que, pressée de toutes parts, Araminte se trouve dans l'obligation d'agir.

Scène 12

RÉSUMÉ

- Araminte reproche à Dubois ses imprudences. Ne lui avait-elle pas demandé de garder un complet silence sur cette histoire (I, 14) ? Sans lui, elle ne saurait pas que Dorante l'aime et elle n'aurait que faire « d'y regarder de si près ». Dubois plaide la maladresse et l'excès de zèle : il avait cru bien faire. Rien n'est toutefois plus facile que congédier Dorante : on n'a qu'à répandre le bruit que c'est professionnellement un « incapable ».
- Refus d'Araminte, qui dit craindre une réaction de désespoir de la part de Dorante, sauf s'il a l'intention d'épouser Marton, auquel cas elle n'aurait « plus rien à craindre ». Dubois la détrompe aussitôt : Dorante n'a jamais prêté la moindre attention à Marton ; c'est une fable née de l'imagination de M. Remy. En revanche, il est bien l'auteur du portrait auquel il travaille depuis des mois. Araminte avoue ne plus savoir quoi faire. Si, au moins, Dorante lui donnait l'occasion de se plaindre, elle aurait un motif pour le renvoyer ! Mais il ne dit jamais rien. Araminte décide de lui tendre un piège.

REPÈRES POUR LA LECTURE

Le subtil jeu de Dubois

Contrairement à ce qu'il dit, Dubois ne regrette évidemment rien de ce qu'il a fait. En apparence, il pousse au renvoi de Dorante ; en réalité, il enlève à Araminte tout motif de le renvoyer. Prétexter l'incapacité professionnelle de Dorante ? Force est de constater qu'il est « fort habile » et que « ce n'est pas cela qui lui manque ». Ses amours avec Marton ? « C'est le procureur qui a débité cette fable-là ? ». Le portrait ? Il est de sa main et non l'œuvre du Comte ? Dubois ne critique Dorante que pour mieux en souligner les qualités. Son seul défaut est de n'être riche qu'en « mérite ». Car « s'il était dans une plus grande fortune, comme il n'y a rien à dire à ce qu'il est né, ce serait une autre affaire ».

Le désarroi d'Araminte

Araminte se montre de plus en plus désemparée. « Je voudrais pouvoir te faire oublier tout ce que tu m'as dit », dit-elle à Dubois, preuve qu'elle se sent vulnérable et touchée par l'amour de Dorante. Sa mauvaise foi est patente quand elle maintient que le Comte est l'auteur du portrait. Son hésitation est totale : « Je ne sais pas comment je le traiterai ; je n'en sais rien ; je verrai. » Sait-elle seulement pourquoi elle veut piéger Dorante ? Pour avoir une raison de le renvoyer ? Ou pour s'entendre dire qu'il l'aime ?

Scène 13

RÉSUMÉ

Dubois sort et croise Dorante qu'il n'a pas le temps de prévenir du piège qui l'attend. Araminte lui dicte une lettre pour le Comte où elle lui dit accepter de l'épouser. Dorante se trouble, ne trouve pas le papier pour écrire qui se trouve pourtant sur la table devant lui, écrit tout de travers, de manière presque illisible, chancelle mais se tait. Au dernier moment, dans un ultime aparté, il se demande si Araminte n'a pas voulu le mettre à l'épreuve.

REPÈRE POUR LA LECTURE

Une épreuve doublement cruelle

Être contraint d'informer de sa victoire son rival heureux est une situation évidemment douloureuse. Les didascalies soulignent le désespoir de Dorante, qui ne sait plus ce qu'il fait, comme s'il se trouvait dans un état second. L'épreuve n'est pas moins cruelle pour Araminte qui ne cesse de l'observer, comme l'indique son aparté : « Il souffre, mais il ne dit mot. Est-ce qu'il ne parlera pas ? » La souffrance de Dorante équivaut toutefois à un aveu, mais à un aveu encore muet.

Scène 14

RÉSUMÉ

Survient Marton, qui somme Dorante de demander sa main à Araminte car elle est prête à l'épouser.

REPÈRE POUR LA LECTURE

Une intervention téléguidée

Dubois est à l'origine de la demande de Marton, qu'il fait intervenir au bon moment. Comme le spectateur, il sait que Dorante ne demandera pas Marton en mariage. Araminte aura ainsi la preuve qu'il s'agissait bien d'une « fable » de M. Remy et qu'elle, Araminte, est la seule aimée.

Scène 15

RÉSUMÉ

• Dorante reconnaît n'avoir jamais aimé Marton, et s'il n'a pas cherché à la détromper, c'est qu'il redoutait qu'elle ne lui nuise. Il aime ailleurs, follement, mais sans espoir. Araminte juge son attitude « incroyable » : « On essaie de se faire aimer, ce me semble ; cela est naturel et pardonnable. » À quoi peut-il bien prétendre en demeurant ainsi silencieux ? À la voir, répond Dorante, à être avec elle, à contempler son portrait, se corrige-t-il.

• Souhaitant le « pousser à bout », Araminte ouvre la boîte qu'elle a conservée sur elle (II, 9). Confus, Dorante se jette à ses genoux pour se faire pardonner son audace. Paraissant fugitivement, Marton l'aperçoit. Araminte s'affole. « Feignant d'être déconcerté », Dorante pense que Marton n'a rien vu. Araminte chasse Dorante : « Laissez-moi. Allez-vous-en ; vous m'êtes insupportable. »

REPÈRE POUR LA LECTURE

L'aveu de Dorante

• La scène est capitale : Dorante avoue son amour à Araminte. C'est un aveu à la fois direct et indirect. Il est indirect parce que Dorante ne dit pas à Araminte « Je vous aime » – il dit aimer une femme digne d'être la plus aimée des femmes. Mais il est en même temps direct : reconnaître qu'il est l'auteur du portrait équivaut à une déclaration. « Songez que j'aurais perdu mille fois la vie, avant d'avouer ce que le hasard vous découvre », dit-il à Araminte, qui se montre de plus en plus émue.

• Curieux dans sa formulation, cet aveu suscite par ailleurs une certaine gêne, dans la mesure où il a été calculé. L'apparition inopinée de Marton ne doit rien au hasard et tout à Dubois. Le faux embarras de Dorante, suggéré par la didascalie, crée sinon un malaise du moins quelque réticence.

Scènes 16 et 17

RÉSUMÉ

Fausse confidence pour fausse confidence, Araminte affirme à Dubois que Dorante ne s'est pas déclaré et qu'elle ne veut plus entendre parler de quoi que ce soit à ce sujet. Satisfaction de Dubois, qui voit « l'affaire dans sa crise » (scène 16). Et inquiétude de Dorante qui redoute plus que jamais la réaction d'Araminte (scène 17).

REPÈRE POUR LA LECTURE

Un bilan et un tournant dans l'action

La deuxième phase de la stratégie de Dubois vient de se dérouler avec succès. Tout dépend maintenant de la décision d'Araminte. Qu'est-ce qui l'emportera chez elle, de son amour encore refoulé ou de la pression sociale ? Étymologiquement le mot « crise » signifie le moment où une situation peut basculer dans un sens ou dans un autre. L'aveu de Dorante accroît l'intérêt dramatique.

point **grammatical**

L'EMPLOI DU PRONOM RELATIF « DONT »

Définition : « Dont » appartient à la catégorie des pronoms relatifs, pouvant représenter aussi bien des personnes que des choses. Dans la plupart des cas, il peut être remplacé par « au sujet de qui », « de quoi », « duquel », « de laquelle » (exemple 3). Il est alors complément de nom (ou d'un adjectif). « Dont » peut aussi être le complément d'objet indirect d'un verbe (exemples 1, 2 et 4).

→

Relevé :

1. « C'est le Comte, celui *dont* je vous ai parlé » (II, 3).
2. « C'est de moi *dont* il s'agit » (II, 7).
3. « Un homme *dont* on ne sait pas le nom... » (II, 9).
4. « Je lui dirai ce *dont* nous sommes convenus » (II, 12).

Interprétation : « dont » possède une valeur stylistique marquée : il allège une phrase, à laquelle il donne une tournure littéraire recherchée.

ACTE III

Scène 1

RÉSUMÉ

Avec la complicité de Dubois, Dorante rédige une lettre, dont ils prévoient son interception par Marton. Dorante s'inquiète toutefois : ne vont-ils pas trop vite ? Dubois pense au contraire qu'il ne faut laisser aucun répit à Araminte. Elle ne sait déjà plus ce qu'elle fait ni où elle en est. Ses dernières résistances vont s'effondrer. Dorante reste sceptique.

REPÈRES POUR LA LECTURE

Début de la phase 3 du plan

La première phase consistait à faire savoir à Araminte que Dorante l'aimait (acte I) ; la deuxième, à ce que Dorante lui avoue directement sa passion (acte II) ; la troisième doit provoquer l'aveu d'Araminte. Telle est apparemment la fonction de la lettre de Dorante, dont on ignore toutefois le contenu et le destinataire. Cette première scène de l'acte III relance l'action et l'intérêt dramatique.

Un habile et inquiétant meneur de jeu

Dubois est plus que jamais à la manœuvre. Sa perspicacité est sans faille, tant il semble lire en Araminte comme dans un livre ouvert. Il la juge incapable de se ressaisir. « L'heure du courage est passée, il faut qu'elle nous épouse », dit-il drôlement. Tant de lucidité et d'adresse dans la manipulation émerveille et inquiète à la fois. D'où Dubois tire-t-il son savoir ? De quoi n'est-il ou ne serait-il pas capable ? Qui est-il vraiment en définitive ?

Scène 2

RÉSUMÉ

En accord avec le Comte et madame Argante, Marton demande à Dubois de les aider à chasser Dorante. Il en sera récompensé. Dubois dit ne pas voir quel motif pourrait le faire renvoyer. Il y a bien son incapacité professionnelle. Mais il en a déjà parlé à Araminte qui n'en a pas tenu compte. À moins que... Dubois se souvient avoir vu Dorante remettre une lettre à Arlequin. En découvrir le contenu leur serait peut-être utile.

REPÈRE POUR LA LECTURE

Une manipulation en direct

La scène offre un exemple des talents de Dubois. Entrant dans le jeu de Marton, il lui ment ouvertement, n'hésite pas à se dévaloriser en se disant incapable de garder un secret, suggère la piste de la lettre. Le résultat est immédiat : Marton va tout faire pour s'en emparer. C'est exactement ce que souhaitait Dubois.

Scènes 3 et 4

RÉSUMÉ

• Arlequin demande à Marton où se trouve la « rue du Figuier » : il doit, dit-il, y porter une lettre de Dorante. Contre l'avis de Dubois qui le houspille, Marton se charge de faire parvenir la lettre (scène 3).

• Madame Argante attend M. Remy qu'elle a convoqué pour qu'il reprenne son neveu. Marton dit douter du succès de l'entreprise. Elle se retire pour lire en toute discrétion la fameuse lettre (scène 4).

REPÈRE POUR LA LECTURE

Une intervention intempestive mais bénéfique

Le comique de la scène naît du caractère de madame Argante, toujours aussi autoritaire et brutale. Son intervention sert, malgré tout, le projet de Dubois et les intérêts de Dorante. Plus elle fait pression sur sa fille, plus Araminte, jalouse de son indépendance, se cabre, comme elle l'a montré à la scène 9 de l'acte II. La contraindre à renvoyer Dorante est la meilleure façon de la pousser à le garder.

Scène 5

RÉSUMÉ

Madame Argante somme M. Remy de reprendre son neveu, qui ne lui plaît pas du tout. M. Remy lui répond aussi rudement qu'il suffit que Dorante plaise à Araminte, qui l'a embauché. Le ton monte. Le Comte intervient en faveur de Mme Argante. M. Remy ne s'en laisse pas conter pour autant et soutient son neveu, connu, dit-il, pour être un « homme d'honneur ».

REPÈRE POUR LA LECTURE

Un affrontement comique

Après la dispute des valets de la scène 3, voici celle des maîtres. Au comique de farce succède le comique de caractère. Mme Argante s'obstine, M. Remy résiste, ni l'un ni l'autre ne veut céder, tous deux se répondent vertement. Contre Mme Argante, résolument hostile à Dorante, M. Remy défend âprement son neveu.

Scène 6

RÉSUMÉ

Le bruit de la dispute attire Araminte, qui, informée de son objet, confirme garder Dorante à son service. Colère de Mme Argante, qui révèle alors à sa fille que Dorante ose l'aimer. Araminte en plaisante : est-ce sa faute si on ne peut la voir sans l'aimer ? Ce serait un enfantillage que de renvoyer Dorante pour cette seule raison. Le Comte, ajoute-t-elle, peut reprendre l'intendant qu'il se proposait de lui donner en remplacement de Dorante.

REPÈRES POUR LA LECTURE

La mauvaise foi d'Araminte

Comme il était prévisible, Araminte, jalouse de sa liberté, refuse d'obéir à sa mère. Ses explications sont d'une totale mauvaise foi, quand elle soutient n'avoir jamais remarqué « l'air galant » de Dorante alors que c'est la première chose qui l'avait frappée (I, 6). La légèreté enjouée avec laquelle elle prend les propos de sa mère est également une manière de ne pas répondre sur le fond.

Une évolution significative

Pour la première fois Araminte prend publiquement position en faveur de Dorante. Non seulement elle le garde auprès d'elle mais elle renvoie l'intendant que lui proposait le Comte, pour qui c'est une forme de désaveu. « J'aime assez les gens de bonne mine » : son expression est par ailleurs ambiguë à souhait. Comment comprendre en effet la formule « aimer assez » ? Est-elle de pure convenance ? Ou trahit-elle une inclination ? Araminte laisse dans tous les cas percer son intérêt pour Dorante.

Scène 7

RÉSUMÉ

Survient Dorante, inquiet sur son avenir : « quelqu'un » attend en ce moment pour occuper sa place ; et Marton vient de lui dire qu'il partirait dans « une heure ». Araminte le rassure : elle ne lui a cherché aucun successeur et Marton lui a dit n'importe quoi.

REPÈRE POUR LA LECTURE

Une inquiétude calculée

En demandant à être rassuré sur son sort, Dorante oblige Araminte à prendre publiquement sa défense. N'acceptant pas qu'on veuille lui forcer la main, celle-ci fait du maintien de Dorante à son service une affaire personnelle : « C'est à moi-même que je dois cela ; je me sens offensée du procédé qu'on a avec moi », dit-elle. En ne renvoyant pas Dorante, elle se range ainsi clairement de son côté.

Scène 8

RÉSUMÉ

Marton brandit la lettre de Dorante, que le Comte lit aussitôt à haute voix. Dorante y fait part à l'un de ses amis de sa certitude de n'être jamais aimé d'Araminte et de son souhait de s'embarquer dès demain avec lui pour les Amériques. Après s'être fait confirmer que la lettre est bien de lui, Araminte lui demande de se retirer, puis à Marton d'en faire autant

REPÈRES POUR LA LECTURE

Un vrai faux coup de théâtre

La lecture de la lettre est un coup de théâtre pour les personnages, mais elle ne l'est pas vraiment pour les spectateurs, informés depuis longtemps qu'il s'agit d'une manœuvre de Dubois (III,1). Sur le fond, elle n'apporte rien de nouveau : à l'exception de M. Remy, chacun sait que Dorante aime Araminte. La nouveauté réside dans l'accélération du temps. Dorante est censé s'embarquer dès le lendemain.

L'heure du choix

Araminte se trouve ainsi face à un choix qu'elle ne peut plus éluder. Dans la scène précédente, elle gardait Dorante comme intendant, du moins officiellement. Maintenant, il s'agit d'un amoureux : le garder près d'elle, c'est accepter d'être aimée et admettre l'aimer. Dorante et Marton sortent, à sa demande, puis le Comte, Mme Argante et M. Remy. Araminte reste seule. Pour prendre quelle décision ?

Scène 9

RÉSUMÉ

Dubois lui confie son soulagement de la voir « délivrée » de Dorante et de sa « folie ». Elle n'a plus rien à redouter de lui : il vient de l'apercevoir « plus mort que vif », incapable de la moindre réaction. Inquiète, Araminte demande qu'on aille aussitôt lui porter secours. Dubois lui révèle alors que c'est grâce à lui que Marton a pu détourner la lettre de Dorante. Colère immédiate d'Araminte, qui accuse Dubois de n'avoir agi dans toute cette histoire que par « le plaisir de faire du mal » : « Il faut que vous soyez capable de tout. » Elle le chasse. Dubois « s'en va riant ».

REPÈRE POUR LA LECTURE

Mensonge et vérité

- Dubois joue les faux naïfs, de deux façons : d'abord en mentant puis en disant la vérité. Sa description, fortement exagérée, d'un Dorante au bord d'un désespoir absolu vise à provoquer l'inquiétude et la compassion d'Araminte. Immédiates, celles-ci témoignent de son attachement à Dorante : « Faut-il tuer, cet homme ? », demande-t-elle.
- En avouant qu'il est à l'origine du détournement de la lettre, Dubois provoque l'indignation d'Araminte qui ne se comprend que par l'amour qu'elle porte désormais à Dorante. Si elle ne l'aimait pas, peu lui importerait en effet ce que dit ou fait Dubois. C'est pourquoi celui-ci « s'en va en riant » : il sait qu'il a partie presque gagnée.

Scène 10

RÉSUMÉ

« Triste », Marton demande son congé à Araminte. Elle vient de se réconcilier avec Dorante qui lui a tout expliqué. M. Remy l'a trompée en lui disant que Dorante l'aimait. Aussi regrette-t-elle d'avoir « persécuté, par ignorance, l'homme du monde le plus aimable » et qui aime Araminte « plus qu'on n'a jamais aimé ». Émue par la souffrance et la sincérité de sa suivante, Araminte rend sa confiance à Marton et lui promet de lui « faire oublier » tous ses « chagrins ».

REPÈRE POUR LA LECTURE

Une réconciliation émouvante

La scène solde les conséquences de la « fausse confidence » de M. Remy (I, 4) qui a donné lieu au quiproquo de la scène 3 de l'acte II. Marton reconnaît son erreur, ses fautes, se réconcilie avec Dorante et regagne la confiance d'Araminte. Revenue de ses espoirs comme de son amour pour Dorante, elle émeut par sa lucidité, sa dignité et son refus de se complaire dans ses déceptions.

Scène 11

RÉSUMÉ

« Pleurant et sanglotant », Arlequin se plaint à Araminte de la « perfidie » de Marton, qui lui a pris la lettre de Dorante. Marton le rabroue : que veut-il ? Dorante, dit-il, demande à être reçu par Araminte pour lui remettre des papiers. Araminte accepte de le recevoir.

REPÈRE POUR LA LECTURE

Comique et suspense

Les larmes d'Arlequin apportent un contrepoint comique à la scène précédente. En larmes, lui aussi, mais par désespoir, Dorante s'attend à son renvoi. Araminte ne laisse rien transparaître de ses intentions. Que va-t-elle dire, faire ? Le suspense est total.

Scène 12

RÉSUMÉ

- L'émotion submerge Araminte et Dorante : lui ne trouve pas ses mots, elle, redoute de l'entendre. Dorante a de l'argent à lui remettre, de la part d'un de ses fermiers. Cela peut-il attendre « demain » ? Araminte juge que c'est impossible. Il leur faut se quitter aujourd'hui même. « On sait que vous m'aimez, et on croirait que je n'en suis pas fâchée. »

• Dorante la prie de lui rendre au moins le portrait qu'il a fait d'elle. Araminte refuse : ce serait avouer qu'elle l'aime. Dorante n'ose imaginer pareille éventualité. « Et voilà pourtant ce qui m'arrive », lui répond Araminte « d'un ton vif et naïf ». Dorante se jette à ses genoux. Quitte à tout perdre, il lui révèle alors par honnêteté les stratagèmes de Dubois. Araminte le regarde « quelque temps » sans dire un mot et... ne lui en tient pas rigueur, car « il est permis à un amant de chercher les moyens de plaire, et on doit lui pardonner lorsqu'il a réussi ».

REPÈRES POUR LA LECTURE

Une forte progression dramatique

• L'aveu d'Araminte n'est pas immédiat, ni même prévisible. Ménageant ses effets, Marivaux le retarde le plus longtemps possible. Araminte est d'abord décidée à se séparer de Dorante. Les préjugés sociaux l'emportent encore chez elle. Implicitement, elle admet que cette séparation lui est douloureuse : « Chacun a ses chagrins », reconnaît-elle. À peine vient-elle de dire qu'elle aime Dorante que celui-ci remet tout en question.

• S'il s'honore en dévoilant les stratagèmes de Dubois, il compromet ses chances d'épouser Araminte. Celle-ci, précise une didascalie, le regarde « quelque temps sans parler » : pour l'un comme pour l'autre, tout se joue durant ce silence : « Si j'apprenais cela d'un autre que de vous, je vous haïrais, sans doute. » L'amour peut enfin triompher dans la sincérité et la transparence les plus absolues.

Un aveu surprise

• L'aveu d'Araminte est une double surprise : il l'est pour Dorante, il l'est aussi pour Araminte elle-même. Tout se passe comme s'il lui échappait. Araminte le formule d'abord sous forme interrogative et au conditionnel : « Vous donner mon portrait ! songez-vous que ce serait avouer que je vous aime ? » Dorante reprend ces derniers mots en les actualisant : « Que vous m'aimez ! »

Araminte constate que c'est le cas, comme si elle se posait en observatrice du cheminement de sa passion : « Et voilà pourtant ce qui m'arrive. »

• Son aveu présente la particularité de ne pas dire directement à Dorante : « Je vous aime. » L'amour, chez Marivaux, est une puissance autonome.

Scène 13

RÉSUMÉ

Araminte éconduit courtoisement le Comte. N'étant pas d'un « rang » qui lui convienne, lui dit-elle, elle n'est pas en état de lui rendre « justice ». Le Comte se retire aussitôt en l'assurant qu'il ne plaidera pas contre elle dans l'affaire qui les oppose. « Outrée » par la décision de sa fille, madame Argante refuse de considérer « cet homme-là » [Dorante] comme son gendre. Dubois peut savourer son triomphe.

REPÈRE POUR LA LECTURE

Un dénouement heureux et comique

Madame Argante reste fidèle à elle-même, c'est-à-dire colérique, méprisante et ridicule : « Qu'il [Dorante] soit votre mari tant qu'il vous plaira ; mais il ne sera jamais mon gendre. » Acceptant sa défaite, le Comte se retire avec une certaine élégance. Dubois s'admire : « Ouf ! ma gloire m'accable : je mériterais bien d'appeler cette femme-là ma bru. » Le dernier mot revient à Arlequin qui se livre à une ultime facétie. Tout est bien qui finit heureusement bien.

point **grammatical**

LES NATURES DE « QUE »

Définition : « Que » peut être un pronom relatif (1), ou interrogatif (2). C'est aussi une conjonction de subordination (3). Il peut enfin traduire le souhait, le regret ou l'ordre (4).

Relevé :

1. Pronom relatif, représentant quelqu'un ou quelque chose, COD du verbe de la proposition subordonnée relative qu'il introduit : « Je me charge du reste auprès de Marton, que je vais trouver » (III, 1).
2. Pronom interrogatif, COD du verbe de la proposition qu'il introduit : « Que veux-tu, Arlequin » (III, 3).
3. Conjonction de subordination, introduisant une proposition subordonnée complétive, COD de la proposition principale : « Je crois qu'il vient » (III, 2).
4. Conjonction de subordination exprimant l'exclamation, l'ordre, le souhait ou le regret dans une proposition principale ou indépendante : « Qu'il galope » (III, 3).

Identification : pour déterminer la nature précise de « que », il convient de repérer dans quel type de proposition il se trouve, de se demander par quel mot on peut ou non le remplacer et de prendre en compte la ponctuation de la phrase.

DEUXIÈME PARTIE

7 Clés *pour* l'analyse

1 Le contexte biographique et littéraire

Pierre Carlet de Chamblain de Marivaux naît à Paris le 4 février 1688. À dix ans, il suit ses parents à Riom, en Auvergne, où son père a été nommé directeur de l'Hôtel des Monnaies. Sa scolarité est convenable sans être flamboyante. Revenu à Paris en 1710 pour y suivre des études de droit, Marivaux, depuis toujours grand lecteur, délaisse vite ses cours pour se consacrer entièrement à la littérature.

1. LA TENTATION DU ROMAN

- Marivaux entame sa carrière littéraire par des romans. Il publie *Les Effets surprenants de la sympathie* en 1713 puis, l'année suivante, *La Voiture embourbée*, œuvres dans lesquelles le romanesque se mêle à la féérie. En 1717, il écrit, sans alors le publier, un *Télémaque travesti*, parodie burlesque du très sérieux *Télémaque* (1699) de Fénelon.
- Toute sa vie, Marivaux s'adonnera au roman, même s'il n'a terminé aucun de ceux qu'il a entrepris. C'est ainsi que de 1731 à 1741 il rédige sans l'achever *La Vie de Marianne*, tout à la fois roman d'analyse et autobiographie imaginaire. *Le Paysan parvenu* (1734-1735), également inachevé, est l'histoire, souvent réaliste, de l'ascension sociale d'un paysan monté à Paris.

2. UN MODERNE CONTRE LES ANCIENS

- Depuis les années 1680, une querelle (une polémique) oppose les Modernes, partisans d'une nouvelle conception de la littérature, aux Anciens, admirateurs et défenseurs de l'Antiquité.

Lorsqu'elle rebondit vers 1715, Marivaux prend résolument parti pour les Modernes.

• Ses *Pensées sur la clarté du Discours* (1719) signent sa rupture avec les Anciens. La clarté du style, chère aux auteurs classiques (et défendue notamment par Boileau) est selon lui incompatible avec l'expression des nuances du sentiment ou de la pensée. Celles-ci, lui semble-t-il, imposent un art de la suggestion plus que de la précision analytique. Même la vérité des faits doit s'accompagner de subtilité, voire d'une part de flou.

3. UNE VIE FINANCIÈREMENT DIFFICILE

• Comme ses activités littéraires ne lui permettent pas de subvenir à ses besoins, Marivaux collabore à partir de 1717 au *Nouveau Mercure de France*. Pour cette publication mensuelle, il rédige des articles et essais sur Paris, ses habitants, leurs manières de vivre et de penser. Bien qu'elles soient appréciées, ses chroniques sont toutefois loin de lui apporter une aisance et une sécurité financières, qu'il ne connaîtra d'ailleurs jamais vraiment.

• En 1720, comme beaucoup de Français, la banqueroute de John Law le ruine presque totalement. Marivaux devient alors avocat, sans jamais cesser d'écrire, notamment pour le théâtre.

Focus

JOHN LAW DE LAURISTON (1671-1729)

D'origine écossaise, John Law est un aventurier, un banquier et un ministre des Finances (1715-1720) sous la Régence. On lui doit l'introduction du billet de banque comme moyen de paiement, en lieu et place de l'or et de l'argent. Des malversations, une forte spéculation boursière et une poussée de l'inflation provoquent une banqueroute retentissante. Nombre de Français qui avaient échangé leur or et argent contre du papier monnaie sont ruinés. Law l'est lui-même. Il se réfugie à Venise où il mourra.

4. LA PASSION DU THÉÂTRE

• Cette même année 1720, Marivaux débute sa carrière de dramaturge avec *Arlequin poli par l'amour*. Vingt ans durant, il ne cesse dès lors d'écrire des pièces de théâtre. Les plus célèbres d'entre elles sont des comédies de la naissance et de la « surprise » de l'amour, parmi lesquelles : *La Double inconstance* (1723), *Le Prince travesti* (1724), *Le Jeu de l'amour et du hasard* (1730), *Les Fausses Confidences* (1737).

• Mais Marivaux écrit aussi des comédies de mœurs (*L'École des mères*, 1732), des comédies d'intrigue (*L'Heureux stratagème*, 1733) et des comédies sociales (*L'Île des esclaves*, 1725 ; *L'Île de la raison*, 1727). Au total, il est l'auteur d'une trentaine de comédies.

5. UNE LONGUE COLLABORATION AVEC LES COMÉDIENS ITALIENS

• À son époque, il n'existe à Paris que deux grands théâtres : la Comédie-Française et le Théâtre-Italien (l'Opéra étant réservé à la musique et au chant). Remontant au XVIe siècle, la présence de comédiens italiens en France n'était pas une nouveauté. Héritiers de la commedia dell'arte (la comédie populaire italienne), ceux-ci s'y étaient enracinés de génération en génération.

• Expulsés en 1697 pour s'être moqués de Mme de Maintenon, ils venaient d'être rappelés en 1716 par le Régent Philippe d'Orléans. C'est à eux que Marivaux va confier la quasi-totalité de ses comédies ; d'où la présence dans celles-ci de personnages types de la commedia dell'arte comme Arlequin.

6. LE CRÉATEUR D'UN NOUVEAU GENRE DE COMÉDIE

• Depuis la mort de Molière (1674), la comédie cherchait, souvent en vain, à se renouveler : quel genre de comédie écrire après Molière, qui ne soit pas une imitation des comédies de Molière ?

Avec ses « surprises » de l'amour, Marivaux met au point une nouvelle formule.

- Les obstacles au triomphe de la passion ne sont plus extérieurs aux personnages qui doivent affronter l'autoritarisme d'un père (ou d'un tuteur) : ils résident désormais en eux-mêmes. L'amour chemine en eux, souvent malgré eux, et doit, pour triompher, surmonter des préjugés sociaux ou tout simplement la peur d'aimer. Chez Molière, les couples d'amoureux étaient formés dès le lever de rideau ; chez Marivaux, ils ne le sont qu'à son baisser.
- Ce nouveau type de comédie appelait un nouveau langage théâtral, qu'on qualifiera très vite de marivaudage. Doué d'une autonomie propre, le langage rebondit sur un mot, sur une formule, et révèle le lent passage de la passion de l'inconscient au conscient.

7. LE SUCCÈS ET LA NOTORIÉTÉ

- Avec son théâtre, Marivaux connaît la consécration. En 1730, il est un familier des salons littéraires et mondains de madame du Deffand et de madame de Tencin, toutes deux proches des philosophes des Lumières. En 1742, il est élu à l'unanimité à l'Académie française, contre Voltaire également candidat.
- Sa notoriété lui vaut en 1753 d'être pensionné par le roi Louis XV. Dès lors Marivaux n'écrit plus que quelques comédies (*La Dispute,* 1744 ; *Le Préjugé vaincu,* 1746, créés à la Comédie-Française) et un « dialogue », intitulé *L'Éducation d'un prince* (1754). Il meurt à Paris le 12 février 1763.

2 La structure de la pièce

Les Fausses Confidences comportent trois intrigues et donc trois actions*:* une intrigue principale et deux intrigues secondaires qui, loin de se développer parallèlement, interagissent les unes avec les autres. Selon leurs intérêts ou leurs espoirs, les personnages se regroupent en deux camps qui se font face, assurant ainsi la progression de l'action.

1. LES TROIS INTRIGUES DE LA PIECE

Une intrigue principale et deux intrigues secondaires constituent les fils de l'intrigue.

L'intrigue principale : marier Dorante et Araminte

Modeste bourgeois ruiné, Dorante s'est follement épris d'Araminte, une riche veuve appartenant à la grande bourgeoisie. Ses chances de se faire aimer d'elle et de l'épouser sont minces et même a priori nulles. Dubois, son ancien valet, s'engage pourtant à le marier à cette femme. Il a un plan, qu'il va victorieusement déployer d'acte en acte.

Une première intrigue secondaire : marier Marton à Dorante

Manipulé à son insu par Dubois, M. Remy suggère à Marton, la suivante d'Araminte, d'épouser Dorante, son neveu. Ne souhaitant pas se faire une ennemie de Marton, Dorante ne dément pas son oncle. Qui ne dit mot consent. Convaincue d'être aimée, Marton s'éprend de Dorante, qu'elle souhaite dès lors épouser.

Une seconde intrigue secondaire : marier Araminte au comte Dorimont

Le Comte aime Araminte. Il a et il est tout ce que Dorante n'est pas et n'a pas : un nom, une fortune, un rang dans le monde.

Éblouie par la perspective d'un mariage qui consacrerait la réussite sociale de sa fille, Mme Argante, la mère d'Araminte, soutient, autant qu'elle le peut, les espoirs du Comte.

2. DES INTERACTIONS PERMANENTES

Deux hommes – Dorante et le Comte – aiment ainsi la même femme : Araminte. Deux femmes – Marton et Araminte – s'éprennent progressivement du même homme : Dorante. Les actions des uns ne peuvent dès lors qu'interagir avec celles des autres.

Le but du Comte et de Mme Argante : chasser Dorante

Pour Mme Argante, Dorante est un intrus et un obstacle à ses prétentions nobiliaires. Elle le juge d'emblée trop charmant et trop inexpérimenté pour être l'intendant dont sa fille a besoin (I, 10). Aussi le dénigre-t-elle et le rabaisse-t-elle systématiquement (II, 9-11) afin de le faire congédier au plus vite par sa fille (III, 5-6). Pour le Comte, Dorante est d'abord un incorruptible dont il n'a que faire (II, 4) puis, surtout, un rival dont il cherche à se débarrasser (III, 5). Mme Argante et lui visent donc le même résultat : empêcher le mariage d'Araminte et de Dorante.

Le but de Marton : épouser ou perdre Dorante

Marton poursuit le même but, mais pour des raisons et par des moyens différents. Tant qu'elle espère épouser Dorante, elle est, même si elle ne le sait pas immédiatement, la rivale d'Araminte. Aussi joue-t-elle son propre jeu : en poussant à l'embauche de Dorante (II, 6) et en le défendant auprès du Comte (II, 5) et de Mme Argante (II, 9). Dès qu'elle comprend son erreur, Marton devient l'ennemie de Dorante et d'Araminte (II, 14-15). C'est elle qui rend publique la lettre censée perdre Dorante (III, 8).

3. LES CAMPS EN PRÉSENCE

Les personnages se répartissent ainsi en deux camps, l'un favorable, l'autre hostile à Dorante

Le camp hostile à Dorante

Le Comte et Mme Argante sont les ennemis les plus constants et les plus résolus de Dorante. Tous deux reçoivent le renfort de Marton, d'abord par intérêt personnel puis par dépit et vengeance. Ce camp est puissant et devrait logiquement l'emporter. Il est d'ailleurs près d'obtenir le renvoi de Dorante : « Il faut se quitter. On sait que vous m'aimez, et on croirait que je n'en suis pas fâchée », dit Araminte à Dorante (III, 12). Le pronom indéfini « on » désigne au premier chef le Comte et Mme Argante.

Le camp favorable à Dorante

C'est le moins fourni et le moins important socialement. Au début, Dorante ne peut compter que sur Dubois, son ancien valet depuis passé au service d'Araminte. Mais Dubois est un stratège incomparable et un génial manipulateur. Progressivement Dorante reçoit l'appui de son oncle, M. Remy, qui tient à tête à Mme Argante (III, 5, 6). Surtout Araminte s'intéresse à lui (I, 7), et prend sa défense contre sa mère (I, 12), contre Dubois qui lui suggère hypocritement de le renvoyer (I, 14), contre le Comte (II, 9) et finalement contre tous (III, 6, 8).

4. LA PROGRESSION DE L'ACTION

L'action connaît une progression linéaire qui, d'acte en acte, voit l'amour emporter Araminte.

Acte I : révéler à Araminte l'amour de Dorante

À peine embauché comme intendant par Araminte (I, 8), Dorante ne peut lui avouer directement et si vite son amour : ce serait l'échec et le renvoi assurés. C'est donc Dubois qui habilement s'en charge. Il raconte à Araminte comment Dorante l'a rencontrée, à quel point il est aussitôt devenu fou d'amour (I, 14, 15). Mieux qu'aimée, Araminte se découvre adorée, telle une héroïne de roman. « La vérité est que voici une confidence dont je me serais bien passée moi-même », se dit-elle (I, 15). Elle ne pourra plus voir en Dorante son simple intendant. Elle sait que celui-ci l'aime et celui-ci sait qu'elle sait.

Acte II : rendre public l'amour de Dorante pour Araminte

Comme Araminte peut toutefois feindre de ne rien savoir, Dubois manœuvre pour que la passion de Dorante soit connue de tous. C'est la fonction de l'épisode du portrait, qui s'étend sur quatre scènes (II, 6, 7, 8, 9), puis du tableau (II, 10, 11) : Marton est détrompée, le Comte pressent sa défaite et Mme Argante est plus hargneuse que jamais. Dorante qui jusqu'ici n'a encore personnellement rien dit, avoue enfin à Araminte qu'il l'aime (II, 15). Indirect dans le premier acte, son aveu devient direct (III, 15). Araminte ne pourra plus agir comme si elle ne savait rien.

Acte III : contraindre Araminte à se déclarer

Ultime stratagème de Dubois, la lettre dans laquelle Dorante confie à un ami vouloir s'embarquer avec lui pour les Amériques (III, 8) contraint Araminte à très vite se décider. Dorante est en effet censé partir dès le lendemain. En outre sa lecture, par le Comte, devant sa mère et Marton, lui interdit toute échappatoire : ou elle épouse Dorante ou elle le laisse s'enfuir. Araminte est en quelque sorte prise au piège. Ce sera l'aveu de son amour (III, 12) qui lui échappe presque malgré elle. Il ne reste plus qu'à annoncer sa décision à sa mère et au Comte (III, 13). C'est le triomphe de l'amour – et la victoire de Dubois.

Un schéma pour retenir

La structure de la pièce

1 **Elle mêle plusieurs intrigues :**
- une intrigue principale : marier Dorante et Araminte
- deux intrigues secondaires : le mariage de Marton à Dorante et celui du Comte à Araminte

2 **Elle confronte deux camps :**
- l'un hostile à Dorante [Mme Argan, le Comte, Marton]
- l'autre favorable à Dorante [Dubois, M. Remy, Araminte]

3 **Elle repose sur une progression linéaire de l'action :**
- la révélation officieuse de l'amour de Dorante pour Araminte
- la révélation publique de cet amour
- l'aveu d'Araminte

3 Dubois, meneur de jeu

Dubois est le personnage clé des *Fausses Confidences* : sans lui, Dorante n'épouserait jamais Araminte. Sur les quarante-sept scènes que compte la pièce, il n'apparaît que dans quinze scènes, cinq fois dans chacun des trois actes. En réalité, directement ou indirectement, il est omniprésent d'un bout à l'autre de l'action. Remarquable stratège, il est un manipulateur efficace et un psychologue avisé.

1. UN STRATÈGE REMARQUABLE

Stratège, Dubois l'est en ce sens qu'il s'est fixé un but clair reposant sur une analyse préalable de la situation et un plan en trois étapes.

Un but clair

• Son objectif est de marier Dorante à Araminte : « Je m'en charge, je le veux » (I, 2), affirme-t-il. L'entreprise, à tous égards, est délicate. D'énormes différences sociales et culturelles les séparent. Veuve d'un banquier, Araminte est riche ; fils d'une famille ruinée, Dorante est sans fortune. Elle fréquente le grand monde, va au théâtre, à l'opéra (I, 14) ; il n'en a jamais eu la possibilité. Il possède en la personne du comte Dorimont un rival a priori redoutable.

• Enfin, quoi qu'en dise Dubois, contraindre quelqu'un à aimer est une tâche difficile, sinon impossible. Celui-ci n'en affiche pas moins une confiance absolue en la réussite de son projet : « Je sais mes talents, je vous conduis, et on vous aimera, toute raisonnable qu'on est », dit-il à Dorante, qu'il incite à courtiser Marton (I, 2), comme si l'affaire n'était pas déjà assez compliquée comme cela ! « L'Amour et moi ferons le reste » (I, 2), conclut-il avec une certaine emphase.

Une analyse de la situation

- Son assurance pourrait passer pour de la suffisance si elle ne s'appuyait sur une connaissance du caractère d'Araminte : « Je connais l'humeur de ma maîtresse » (I, 2), dit-il. Dorante est certes sans argent, mais Araminte, qui est riche, n'est pas intéressée par l'argent : sans quoi elle aurait déjà épousé le comte Dorimont. Pour importante qu'elle soit, la différence de fortune n'est pas un obstacle majeur, radical.
- En revanche, Araminte n'est pas insensible au charme des hommes. Et Dorante, chacun le reconnaît, est fort séduisant : « Votre bonne mine est un Pérou », lui dit Dubois (I, 2). Sa richesse est son physique. Sans savoir qui il est et sans même lui avoir adressé la moindre parole, Araminte le remarque d'emblée. « Il a si bonne mine pour un intendant, que je me fais quelque scrupule de le prendre » (I, 6), précise-t-elle. C'est ce qu'escomptait Dubois pour bâtir son plan.

Un plan en trois étapes

- Avant même que débute la pièce, Dubois a conçu un plan en trois temps : « Nous sommes convenus de toutes nos actions ; toutes nos mesures sont prises » (I, 2), dit-il à Dorante. Aucune place n'est laissée à l'improvisation.
- Première étape : introduire Dorante dans la place et faire savoir à Araminte que celui-ci l'aime : c'est chose faite à la fin du premier acte. Sur la recommandation de M. Remy, Araminte prend Dorante comme intendant (I, 7) ; et une confidence de Dubois lui révèle l'amour de Dorante (I, 14).
- Deuxième étape : rendre publique la passion de Dorante et le faire se déclarer : c'est l'objet du deuxième acte. L'épisode du portrait (II, 9) puis du tableau (II, 11, 12) informe chacun que Dorante aime Araminte ; ce que Dorante avoue enfin en privé à Araminte.
- Troisième étape : contraindre Araminte, pressée par les événements, à se déclarer à son tour : c'est l'enjeu du troisième acte.

2. UN MANIPULATEUR EFFICACE

Passant de la stratégie à la tactique, Dubois se montre, dans la réalisation de son plan, un manipulateur efficace : il manœuvre les autres, choisit le bon moment pour intervenir et cache obstinément son jeu.

... *manœuvrant les autres*

- L'habileté de Dubois consiste à ne pas tout faire par lui-même. Tel un marionnettiste, il fait intervenir les autres sans que ceux-ci ne s'en rendent jamais compte.
- M. Remy est ainsi deux fois mis à contribution : en faisant embaucher Dorante puis en jouant le messager d'une « jolie femme, estimable, et de quelque distinction » qui, dit-il, s'est éprise de Dorante (II, 2). L'apparition du garçon joaillier ne doit non plus rien au hasard (II, 6). Marton est également deux fois manipulée à son insu : Dubois fait tout pour qu'elle récupère la boîte qui contient le fameux portrait (II, 6, 7) puis la lettre dans laquelle Dorante annonce son départ (III, 1). Arlequin est trop stupide pour se rendre compte que Dubois le provoque intentionnellement (II, 10).
- Il n'y a guère en définitive que Mme Argante et le Comte qui ne soient pas manœuvrés. Mais, étant des adversaires, ils sont une cible à éliminer.

... *choisissant le bon moment*

- Utiliser les autres est une chose, les faire intervenir au bon moment en est une autre. Dubois saisit à merveille les occasions. Venant de reconnaître qu'il l'aime, Dorante se jette aux « genoux » d'Araminte (II, 16). C'est à ce moment précis que paraît Marton qui, apercevant la scène, comprend ce qu'il en est. Son irruption n'a rien de fortuit. Comme il l'avouera un peu plus tard (III, 1), Dubois en est l'auteur. Ce qui implique, même si aucune didascalie ne le précise, qu'il a observé depuis quelque recoin toute l'entrevue entre Araminte et Dorante.

• Sa querelle avec Arlequin au sujet du tableau qu'il convient ou non de retirer de la chambre de Dorante, intervient à point nommé, quand sont de retour sur scène le Comte et Mme Argante, qui deviennent malgré eux témoins de l'incident (II, 10). C'était le but naturellement recherché.

... *cachant son jeu*

• Plus Dubois mène le jeu, plus il se fait modeste. Souvent il se prétend maladroit. Il feint de passer pour un « sot » auprès de Marton (I, 17). Et quand celle-ci le soupçonne de ne pas lui dire toute la vérité, il se dit incapable de garder un secret (III, 2). Araminte lui reproche-t-elle son esclandre avec Arlequin, il confesse son erreur, plaide un excès de « zèle » mal compris (II, 12).
• Dubois se montre par ailleurs très hostile à l'égard de Dorante. Lors de chacune de ces conversations avec Araminte, il pousse à son renvoi : « Il y aura de la bonté à le renvoyer » (I, 14), suggère- t- il ; « Madame a un si beau prétexte » à le renvoyer (II, 12), insiste-t-il plus tard ; « Vous en êtes quitte, et cela par le moyen de cette lettre qu'on vous a lue » (III, 9), conclut-il enfin.
• Dire du mal de Dorante accentue sa crédibilité quand il en dit du bien. C'est aussi pousser Araminte à souvent prendre la défense de son « intendant ».

3. UN PSYCHOLOGUE AVISÉ

Si Dubois peut ainsi manipuler les gens à sa guise, c'est qu'il se montre fin psychologue : il prévoit leurs réactions, il oblige Araminte à regarder la vérité en face et il précipite les événements de façon à exercer sur elle une pression maximale.

... *prévoyant les réactions d'autrui*

• Au contraire de Dorante, Dubois semble lire en Araminte comme dans un livre ouvert. Quand Dorante redoute d'être bientôt renvoyé, lui n'en croit pas un mot. Même si Araminte en avait envie, elle n'en aurait pas la force. « L'heure du courage est passée », dit-il. Aussi juge-t-il tout à fait normal qu'elle trouve Dorante « insupportable » : « Voulez-vous qu'elle soit de bonne humeur avec un homme qu'il faut qu'elle aime, en dépit d'elle ? Cela est-il agréable ? Vous vous emparez de son bien, de son cœur ; et cette femme ne criera pas ? » (III, 1).

• On peut se demander d'où Dubois tire sa connaissance des réactions féminines. Aussi rien de la part d'Araminte ne le surprend-il. C'est ce qui explique qu'à chaque fois qu'elle s'irrite, qu'elle s'emporte contre lui ou Dorante, il se réjouisse : « Voilà l'affaire dans sa crise », commente-t-il en aparté (II, 16) ; ou encore : « Voilà qui est parfait » (III, 9).

… *obligeant à regarder la vérité en face*

• Toutes ses confidences empêchent Araminte de mentir et, plus encore, de se mentir à elle-même. Dubois ne lui laisse aucun refuge où elle pourrait se protéger, nier la réalité. Araminte s'accroche un temps à l'idée que Dorante aime Marton pour mieux l'oublier. Dubois traite cette hypothèse de « bagatelle », de « fable » inventée et « débitée » par M. Remy (II, 12).

• Contre toute logique et vraisemblance, elle attribue au Comte son portrait contenu dans la boîte apportée par le « garçon » (II, 9). Dubois, à qui elle tente de le faire croire, la dément (II, 12) : Dorante, dit-il, est l'auteur de ce portrait. Il ne laisse aucune échappatoire, lui rappelant sans cesse que Dorante l'adore.

• Preuve de l'efficacité de sa méthode, Araminte lui demande à chaque fois de « se retirer » et de la laisser seule.

… *précipitant les événements*

• Dubois ne laisse enfin aucun répit à Araminte. L'action s'accélère d'acte en acte. À peine a-t-elle embauché un intendant qu'elle apprend que cet intendant est fou d'elle. Les épisodes du portrait et du tableau s'enchaînent directement, sans intervalle entre eux. Ils occupent la moitié du deuxième acte.

• Recourant au vocabulaire de la chasse à courre, Dubois refuse de la laisser se reprendre : « Point de quartier, il faut l'achever, pendant qu'elle est étourdie. Elle ne sait plus ce qu'elle fait » (III, 1). Aussi, dans la lettre qu'il est censé écrire à un ami, Dorante annonce-t-il son départ pour les Amériques pour le lendemain (III, 8). Interceptée par Marton et lue publiquement par le Comte, elle place Araminte devant un choix qu'elle a essayé de repousser le plus longtemps possible : ou laisser partir Dorante ou l'épouser. Ce sera l'aveu, la défaite du Comte et le triomphe de Dubois. Le piège était imparable.

Un schéma pour retenir

Dubois, meneur de jeu

1. **Son but, a priori inaccessible :** provoquer l'amour d'Araminte
2. **Sa méthode :** piéger Araminte par de fausses confidences
3. **Sa tactique :** manipuler les autres à leur insu

4 Les autres personnages

Les Fausses Confidences comptent dix personnages, dont deux jouent si brièvement les utilités qu'ils n'ont même pas de nom (un « domestique parlant » et « un garçon joaillier »). Sur les huit restants, ce chapitre en présente sept. Le huitième est Dubois, dont le rôle est si capital qu'il a fait l'objet d'une analyse dans le chapitre précédent.

1. ARAMINTE OU LA SURPRISE D'AIMER

• Araminte est une veuve doublement indépendante : elle l'est juridiquement, le veuvage étant sous l'Ancien Régime, le seul cas où une femme, quel que soit son âge, était libre de disposer de ses biens et de sa personne ; et l'est financièrement, son mari, un banquier, lui ayant laissé une belle fortune.

• Cette indépendance, Araminte ne cesse de la défendre : contre sa mère, qui entend la remarier malgré elle, et contre le Comte dont elle redoute la jalousie (II, 9). Femme du monde, d'une courtoisie sans faille, familière de l'Opéra et de la Comédie-Française (I, 4), elle mène une existence « douce » et « tranquille » (I, 15). Le charme de Dorante la bouleverse, réveille sa sensualité (I, 6).

• De l'attirance inconsciente à la surprise d'aimer et à la résolution de se remarier, Araminte connaît une évolution sentimentale subtile et profonde. Elle doit lutter contre elle-même, contre cet amour qui s'empare d'elle et que d'abord elle n'accepte pas. Elle doit aussi surmonter les préjugés de son milieu, qu'elle a longtemps partagés. Épouser un homme plus jeune qu'elle, même si c'est de peu, de modeste condition et sans fortune, c'est aller contre tous les usages et les codes établis. En épousant Dorante, Araminte accepte en effet un certain déclassement social, qui est à la fois la preuve de son amour, de sa capacité à résister aux pressions de son entourage et de son esprit d'indépendance.

2. DORANTE OU L'AMOUREUX FOU

• Âgé d'à peine trente ans, Dorante est issu de la moyenne bourgeoisie : son oncle est « procureur », son père était « avocat » et lui-même pourrait l'être (I, 7). Un revers de fortune l'a ruiné et l'oblige à s'employer chez les autres. La nécessité, en partie, et l'amour, pour l'essentiel, le font devenir l'« intendant » d'Araminte.
• Dorante est un amoureux fou, romanesque, romantique avant la lettre : il est passionné, timide, désespéré, parfois lucide. Ses chances d'épouser Araminte sont a priori nulles, tant sont énormes les différences sociales entre elle et lui. Il n'en possède pas moins deux atouts : son physique, fort séduisant, qu'Araminte remarque dès le premier regard ; et le rusé Dubois, son ancien valet, certes passé au service d'Araminte mais qui lui est demeuré fidèle. Son honnêteté et sa sincérité excusent les manœuvres auxquelles il se prête pour conquérir la femme de sa vie.

3. MARTON OU LA DÉCEPTION DE L'AMOUR

• Marton est le pendant féminin de Dorante. Comme lui, elle est de moyenne bourgeoise (I, 3) et, comme lui, elle est ruinée. Elle est donc devenue la « suivante », la confidente et la personne de confiance, d'Araminte. Éprise de Dorante auquel elle a fini par s'attacher (III, 10), elle conspire à sa perte après avoir compris que celui-ci l'a bercée d'illusions (III, 8). Le mariage de Dorante et d'Araminte consacre sa défaite.
• Marton est la seule vraie victime de la pièce. Son refus d'étaler sa souffrance ne manque pas d'élégance. Sa réconciliation finale avec Araminte, sa consolation, dit-elle, est en effet trop rapide pour ne pas dissimuler un vrai chagrin.

4. MADAME ARGANTE OU LE RÊVE BRISÉ D'ASCENSION SOCIALE

• Mère d'Araminte, madame Argante n'a qu'une obsession : allier sa fille à l'aristocratie en lui faisant épouser le comte Dorimont et, à travers elle, assouvir son désir d'ascension sociale (I, 10). Prête à tout, elle tente de corrompre Dorante (I, 10) puis, n'y parvenant pas, de le faire renvoyer (III, 6). Or plus elle pousse sa fille à épouser le Comte, plus celle-ci s'y refuse.
• Volontiers méprisante, illogique et d'un caractère difficile, madame Argante apporte une touche comique à la pièce. Son ultime réplique est pleine de fureur et de ridicule : « Qu'il soit votre mari tant qu'il vous plaira ; mais il ne sera jamais mon gendre » (III, 13).

5. LE COMTE DORIMONT OU LE RIVAL ÉCONDUIT

• Épris d'Araminte (ou de son argent ?), le Comte Dorimont voyait ses projets de mariage toujours repoussés, bien avant l'apparition de Dorante (I, 11). Il l'écrase d'abord d'un aristocratique mépris, puis tente d'acheter son faux témoignage dans le différend juridique qui l'oppose à Araminte.
• Sans scrupules, il s'est concilié les bonnes grâces de Marton avec la promesse d'un don de mille écus (II, 4). Sa promesse de ne pas intenter de procès à Araminte ne peut même pas passer pour une élégance ou une générosité : il sait qu'il n'est pas dans son bon droit (II, 1). Il se retire sans un mot de dépit ou de colère.

6. MONSIEUR REMY OU LE BOURRU BIENVEILLANT

• Monsieur Remy est à la fois le pendant masculin de madame Argante, et son opposé. Comme elle, il appartient à la bourgeoisie mais à la différence de celle-ci il n'en a pas honte. « Procureur » de son état et oncle de Dorante, il parle sans détour. Doté de bon sens, ses préoccupations sont exclusivement d'ordre matériel : un bon mariage est pour lui un mariage financièrement solide (I, 3).

• Sous ses aspects bourrus, l'homme est bienveillant : il protège son neveu contre tous, comprend sa passion avec une sincérité touchante : « Ma foi, Madame, à l'âge de mon neveu, je ne m'en tirerais pas mieux qu'on dit qu'il s'en tire » (III, 6). Son altercation avec madame Argante (III, 5) participe du comique de la pièce.

7. ARLEQUIN OU LE VALET ITALIEN

• N'apparaissant que dans sept scènes, Arlequin joue un rôle secondaire. Issu de la commedia dell'arte, il est un personnage traditionnel de la comédie italienne.

• Toujours à l'affût du moindre gain, ne rechignant jamais à boire (I, 8 et 9), pleurnichant volontiers, stupide (I, 1, 9), il est comique à souhait, notamment lors de ses disputes avec Dorante (II, 10).

Un schéma pour retenir

Trois personnages clés

1 Araminte, première surprise d'aimer Dorante
- Veuve indépendante et fortunée, elle est bouleversée par sa rencontre avec Dorante
- Elle découvre que l'amour a cheminé en elle presqu'à son insu

2 Dorante, à la conquête de la femme de sa vie
- Jeune bourgeois sans fortune, il est follement amoureux d'Araminte
- Secondé par Dubois, il observe le plan de celui-ci pour la conquérir

3 Marton, victime digne de l'amour
- Suivante d'Araminte, elle s'éprend de Dorante sur un malentendu
- Elle est la vraie victime de la pièce, mais refuse de se plaindre

5 Théâtre et stratagème

Un stratagème est une ruse – c'est-à-dire une fiction, une action montée de toute pièce destinée à faire prendre une apparence pour une réalité. En ce sens, il entretient une certaine affinité avec le théâtre, qui lui aussi est une fiction censée représenter le réel.

Les Fausses Confidences qui, littérairement, sont une comédie renferment de fait une autre comédie, qui est celle que Dorante et Dubois jouent à Araminte. Tout un univers théâtral s'y constitue ainsi et se donne à voir pour paradoxalement accéder à la vérité.

1. UNE COMÉDIE DANS LA COMÉDIE

Jouer la comédie (ou, parfois, faire son cinéma) signifie dans le langage courant adopter une posture, tenir un rôle, qui ne correspond pas à la réalité. C'est ce que font Dorante et Dubois. La pièce contient donc deux comédies en une ; elle est un jeu dans le jeu.

Deux comédies en une

- À peine Araminte lui a-t-elle avoué son amour que Dorante lui révèle la vérité sur les manœuvres de Dubois : « Tous les incidents qui sont arrivés partent de l'industrie [de l'habileté] d'un domestique », lui dit-il (III, 12). Et de qualifier ces « incidents » de « stratagème » et d'« artifice », mots synonymes de ruse, d'invention calculée, bref d'une forme de comédie qui a été sciemment jouée par Dubois et Dorante pour susciter la curiosité, l'intérêt puis l'amour d'Araminte.
- Deux comédies s'imbriquent donc l'une dans l'autre : une comédie-cadre (A) qui concerne la vie d'Araminte, ses rapports

avec sa domesticité, sa mère et le Comte ; et une comédie (B) montée de toutes pièces, qui s'insère dans la première. Quand, par exemple, Dubois et Dorante feignent de ne pas se connaître tout en faisant en sorte qu'Araminte remarque leur jeu, ils jouent la comédie (I, 13).

Un jeu dans le jeu

• Cette comédie dans la comédie n'est pas pour autant un théâtre dans le théâtre. Au sens strict, cette notion ne s'applique qu'à des personnages dont la profession est d'être des comédiens. Vie professionnelle et vie privée dès lors se confondent. Ces personnages comédiens interprètent une pièce (B) qui s'enchâsse dans la pièce-cadre (A). Marivaux recourt à ce procédé ancien qui remonte au XVIe siècle dans l'une de ses dernières pièces, *Les Acteurs de bonne foi* (1757).

• Tel n'est pas le cas dans *Les Fausses Confidences,* dont aucun personnage n'est un comédien professionnel. Dubois est et reste un valet. Quant aux autres personnages, ils ne sont pas davantage des acteurs. Aussi est-il préférable de parler de « jeu » (les stratagèmes de Dubois) qui vient se glisser dans le jeu plus général qu'est toute pièce de théâtre.

2. UN UNIVERS THÉÂTRAL

Dans ce jeu, les personnages, tout en restant des personnages, assument les fonctions de toute représentation théâtrale : ils sont tour à tour dramaturges, metteurs en scène, régisseurs ou acteurs.

Des personnages dramaturges

• Concepteur des stratagèmes, Dubois se comporte comme un auteur de la pièce (B) qu'il fait interpréter par Dorante à l'intention d'Araminte. Personnage clé des *Fausses Confidences*, il agit en dramaturge. Tous obéissent à ses volontés. « À propos, dit-il à Dorante, tâchez que Marton prenne un peu de goût pour vous »

(I, 2). Araminte connaît l'évolution sentimentale qu'il a exactement prévue (III, 2). Dubois est à sa façon le double sur scène de Marivaux.

• S'il est le principal personnage dramaturge, Dubois n'est pas toutefois le seul. Araminte l'est aussi quand elle imagine de dicter à Dorante la lettre annonçant au Comte son intention de l'épouser (II, 13). Dans le vocabulaire théâtral, il s'agit d'un impromptu, d'une petite pièce improvisée : « J'ai envie de lui tendre un piège » (II, 12), dit-elle en aparté.

Des personnages metteurs en scène

• À son statut de dramaturge, Dubois ajoute celui de metteur en scène. Il est l'homme qui conçoit la réalisation matérielle du spectacle. Il organise les entrées et les sorties de Dorante (« Partez », I, 16 ; III, 1), de Marton (III, 2), d'Arlequin (III, 10), du « garçon » (II, 6) et de monsieur Remy (II, 2).

• Il organise la gestuelle de Dorante, qui, par exemple, « feint de détourner la tête pour se cacher de Dubois » (I, 13) – jeu de scène préalablement convenu entre eux. Dubois règle encore le rythme de l'action, qu'il précipite à sa guise : « Ne perdons point de temps » (III, 1) ; « Point de quartier. Il faut l'achever » (III, 1).

Des personnages régisseurs

• Dans un théâtre, le régisseur est chargé de l'organisation matérielle du spectacle. Il ne fait pas tout par lui-même, mais il doit veiller à tout, à ce qu'aucun décor, aucun accessoire ne manquent (et, de nos jours, que les bruitages et les éclairages soient au point).

• La « boîte » contenant le portrait que Dorante a fait d'Araminte a sans doute été commandée par Dubois, comme il a sans doute veillé à ce que le tableau d'Araminte soit en bonne place dans la chambre de Dorante. Il se fait vérifier que Dorante a bien écrit la lettre portant une adresse inconnue : « Vous êtes bien assuré qu'Arlequin ne connaît pas ce quartier-là ? » (III, 1).

• De son côté, Araminte se sert d'une « table » qui se trouve dans la salle de réception pour y faire écrire Dorante sur le « papier » posé dessus (II, 11).

Des personnages acteurs

• Dubois, Dorante, Araminte se comportent à un moment ou un autre en acteurs : ils simulent, ils mentent ou font de « fausses confidences », ils jouent la comédie. Dubois se pose en confident dévoué d'Araminte, alors qu'il est au service exclusif de Dorante. Il a cet aveu révélateur après qu'Araminte lui a menti : « Je lui apprendrai à vouloir me souffler mon emploi de confident » (III, 1). « Emploi de confident » : l'expression est d'un metteur distribuant les rôles.

• Dorante, de son côté, se compose à plusieurs reprises une attitude, « feignant un peu d'embarras » (II, 1) ou d'« être déconcerté » quand Marton le surprend aux pieds d'Araminte (II, 15). Araminte elle-même se fait actrice quand elle ne veut pas comprendre ce que lui dit sa mère (II, 1) ou qu'elle maintient que le Comte a fait faire son portrait (II, 9). Seuls, Marton, Mme Argante et le Comte ne jouent pas.

Des personnages acteurs et observateurs

• Ces acteurs possèdent en outre la particularité de jouer et en même temps d'observer l'impact de leur jeu sur les autres. Ils en sont les témoins privilégiés et intéressés.

• Dubois analyse constamment les conséquences de ses confidences sur Araminte : « Elle opine tout doucement à vous garder par compassion. Elle espère vous guérir par l'habitude de la voir » (I, 16), dit-il ainsi à Dorante. En même temps qu'elle dicte la lettre en principe destinée au Comte, elle ne cesse d'observer les réactions de Dorante : « Il change de couleur » ; « Il ne sait ce qu'il fait » ; « Il souffre, mais il ne dit mot » (II, 13).

De regard en regard

• *Les Fausses Confidences* comportent en définitive plusieurs niveaux de jeu. Les spectateurs voient des acteurs qui, sur scène, interprètent des personnages (niveau 1). Ceux-ci se comportent à leur tour en acteurs ou metteurs en scène (niveau 2). Et ils jaugent les réactions qu'ils produisent sur les autres (niveau 3), qui constituent en quelque sorte leur public sur scène.

• Les spectateurs regardent des comédiens incarner des personnages qui jouent d'autres personnages et se regardent jouer. Le jeu théâtral est total.

3. THÉÂTRE, STRATAGÈMES ET VÉRITÉ

Les conséquences en sont paradoxales. Loin d'être une évasion dans l'irréel, la fiction devient la source du réel et permet aux êtres d'accéder à leur vérité profonde.

La fiction, source du réel

• « Échafauder des stratagèmes », « manipuler les gens », distiller des fausses confidences » ou encore « jouer la comédie » : autant de formules destinées à cacher la vérité ou à déformer la réalité. *Les Fausses Confidences* multiplient les artifices et les leurres.

• Preuve en est l'aveu final de Dorante à Araminte : « Dans tout ce qui s'est passé chez vous, il n'y a rien de vrai que ma passion, qui est infinie, et que le portrait que j'ai fait » (III, 12). Ce « trait de sincérité » qui charme tant Araminte, n'efface pourtant pas le fait qu'elle a été l'objet d'une entreprise délibérée de conquête amoureuse.

• Dorante justifie son aveu par des considérations morales : « J'aime mieux votre haine que le remords d'avoir trompé ce que j'adore. » Si cette confidence le grandit aux yeux d'Araminte, elle ne change rien à la situation : au moment où Dorante révèle le dessous des cartes, Araminte s'est éprise de lui. La fiction des stratagèmes a créé une réalité.

Théâtre et vérité

• *Les Fausses Confidences* soulèvent ainsi une question plus vaste. Lieu par excellence de l'imaginaire et du jeu, le théâtre devient une voie d'accès à la vérité des êtres : il les révèle à eux-mêmes. Sans l'intelligence et la perspicacité de Dubois, Araminte n'aurait pas pris conscience de son endormissement affectif. Par lassitude ou sous la pression de sa mère, elle aurait peut-être fini par épouser le Comte.

• Même si ce n'est pas sans lutte ni hésitation, Araminte se déclasse socialement en épousant Dorante. En agissant ainsi, elle surmonte les préjugés de son milieu social. Au début de la pièce, Araminte était une femme financièrement indépendante, à la fin elle est une femme qui affirme son autonomie et sa liberté. Le « théâtre » que lui ont joué Dubois et Dorante lui permet d'accéder à sa vérité.

Un schéma pour retenir

Trois axes de lecture pour établir le lien entre théâtre et stratagème

1 Une comédie dans la comédie
- La pièce contient deux comédies en une : un jeu dans le jeu
- Le stratagème est aussi une fiction, un jeu destiné à tromper

2 Des personnages dramaturges et acteurs
Les personnages assument les fonctions du théâtre : ils sont tour à tour dramaturges, metteurs en scène, régisseurs ou acteurs

3 Le théâtre, source de vérité
Monde de la fiction et de l'illusion, le théâtre permet paradoxalement aux personnages de se révéler et d'accéder à la vérité

6 Qu'est-ce que le marivaudage ?

Nom propre, Marivaux a donné naissance au XIXe siècle à un nom commun : le marivaudage, passé depuis dans la langue courante. Le mot désigne une analyse de l'éveil de la passion, les jeux et ruses du langage exprimant le cheminement souterrain de cette passion pour se transformer en quête de la sincérité.

1. UNE ANALYSE DE L'ÉVEIL DE LA PASSION

Les comédies de Marivaux dessinent un itinéraire sentimental, marqué par trois moments clés, jalonné d'obstacles et débouchant sur une surprise de l'amour.

Trois moments clés

• Chez Marivaux, la naissance de l'amour ne coïncide jamais avec sa prise de conscience, laquelle ne se confond pas à son tour avec l'aveu. Le personnage aime ainsi avant de le savoir et quand il se dit qu'il aime, il ne dit pas tout de suite à l'autre qu'il l'aime.

• Dès l'instant où elle l'aperçoit, Araminte se sent attirée par Dorante (I, 6) sans rien savoir de lui, ni son nom ni son âge ni les raisons de sa présence chez elle. Elle trouve qu'il « a vraiment très bonne façon » et elle hésite même un instant à l'embaucher comme intendant, parce qu'il a trop « bonne mine » (I, 6). Araminte prend conscience de son amour vers le milieu de la pièce (II, 12 et 13). Et elle ne se déclare qu'à la fin de la pièce (III, 12). Toute l'action consiste à la faire passer successivement par chacune de ces trois étapes : aimer, se l'avouer et l'avouer.

• Chez Molière, les couples sont affectivement formés dès le lever de rideau ; chez Marivaux, ils ne le sont qu'à son baisser.

Des obstacles à surmonter

• Ce cheminement du sentiment amoureux se heurte à plusieurs obstacles. Ils ne sont jamais extérieurs comme chez Molière où il s'agit de lever ou de contourner l'opposition d'un père ou d'un tuteur. Rien de tel dans comédies de Marivaux.

• Veuve, donc, selon les lois de l'époque, juridiquement majeure et libre de ses actes, Araminte n'a besoin d'aucune autorisation pour se remarier. Même s'il lui faut résister à la pression de sa mère qui souhaite la marier au comte Dorimont, les obstacles qu'elle doit surmonter sont principalement en elle : quitter l'état « doux et tranquille » (II, 1) de son endormissement sentimental ; et, surtout, vaincre ses préjugés, faire taire son amour-propre.

• Quand on est une riche femme du monde comme Araminte, comment aimer Dorante, ce petit bourgeois ruiné ? Comme le lui fait remarquer Dubois : « S'il [Dorante] était dans une plus grande fortune, comme il n'y a rien à dire à ce qu'il est né, ce serait une autre affaire : mais il n'est riche qu'en mérite, et ce n'est pas assez » (II, 12).

« Une surprise de l'amour »

• Aussi le marivaudage devient-il une « surprise de l'amour » pour reprendre le titre d'une des premières comédies de Marivaux. Araminte s'étonne de tomber amoureuse et en fait quasiment le reproche à Dubois : « Sans toi, je ne saurais pas que cet homme-là m'aime, et je n'aurais que faire d'y regarder de si près » (II, 12). Elle se surprend à voir s'effondrer ses réticences et résistances, qu'elle s'efforce de maintenir jusqu'au bout : « [...] Dorante ; il faut se quitter. On sait que vous m'aimez, et on croirait que je n'en suis pas fâchée » (III, 12).

• Elle, aimer ? Elle n'ose l'imaginer, et Dorante encore moins. « Voilà pourtant ce qui m'arrive » (III, 12), finit-elle par dire. La formulation de son aveu est significative de sa « surprise », de son étonnement. Araminte ne dit pas à Dorante : « Je vous aime ». Elle rebondit sur une exclamation de Dorante : « Que vous m'aimez, Madame ! Quelle idée ! qui pourrait se l'imaginer ? (III, 12). Araminte parle de son amour comme si celui-ci s'était insidieusement emparé d'elle, presque malgré elle.

2. LES JEUX ET RUSES DU LANGAGE

Dans cette « anatomie du cœur humain » (selon l'expression de Marivaux), le langage joue un rôle majeur. Il montre comment l'amour chemine d'abord à l'insu du personnage puis contre son gré. Ce ne sont que fausses excuses, mauvaise foi, échappatoire et équivoque.

Les fausses excuses

• Araminte se ment à plusieurs reprises à elle-même, et elle le fait en toute sincérité parce qu'elle croit ce qu'elle dit. Elle s'invente d'honorables prétextes pour prendre puis conserver Dorante à son service.

• Ne pas aider des « honnêtes gens sans fortune, tandis que qu'une infinité de gens de rien, et sans mérite, en ont une éclatante » (I, 8) lui semble une injustice. Le désir ne pas vexer monsieur Remy qui le lui a recommandé puis la « compassion » l'obligent ensuite à le garder (I, 14) : « Je ne saurais me passer d'un intendant », dit-elle ajoutant comme pour se donner bonne conscience : « S'il y avait quelque chose qui pût ramener cet homme [à la raison], c'est l'habitude de me voir plus qu'il n'a fait, ce serait même un service à lui rendre » (I, 14).

• C'est enfin faute de « motifs raisonnables » qu'elle dit ne pouvoir le congédier : « Je ne suis pas assez fondée pour le renvoyer. Il est vrai qu'il me fâcherait s'il parlait ; mais il serait à propos qu'il me fâchât » (II, 11). Araminte se cache ainsi qu'elle est tombée sous le charme de Dorante.

La mauvaise foi

• À la différence des fausses excuses, la mauvaise foi est consciente: elle est une insincérité et elle est un mensonge. Contre toute vraisemblance, Araminte soutient que le Comte est à l'origine du portrait: « Vous faites le fâché, l'étonné, monsieur le Comte [...] mais vous ne m'abusez point; c'est à vous qu'on apportait le portrait » (II, 9). C'est une manière de garder le silence sur Dorante, dont elle sait fort bien qu'il est l'auteur de son portrait.

• Araminte n'hésite pas non plus à mentir avec aplomb à Dubois quand elle lui affirme que Dorante ne s'est pas déclaré (II, 16). Dubois n'en est d'ailleurs pas dupe : « Ne voyez-vous pas bien qu'elle triche avec moi, qu'elle me fait accroire que vous ne lui avez rien dit ? », dit-il à Dorante (III, 1).

L'échappatoire

• Quand le déni de réalité ne lui est plus possible, Araminte pratique l'art de l'esquive. Le Comte lui prouve-t-il qu'il ne peut pas avoir fait faire son portrait ? Elle balaie l'argument avec un superbe illogisme: « Qu'est-ce qu'une circonstance de plus ou de moins ? je n'en rabats rien » (II, 9). La « circonstance » en question est que le Comte ne connaît pas M. Remy qui n'a donc pu affirmer qu'on le trouverait chez Araminte.

• Sa mère l'accuse-t-elle d'« aveuglement » ? Araminte réplique par une ironie qui lui permet de ne pas lui répondre sur le fond: « Qu'est-ce donc que vous voyez, et que je ne vois point ? Je manque de pénétration: j'avoue que je m'y perds ! » (II, 11).

Les équivoques

• Contrairement à madame Argante et à monsieur Remy qui s'expriment sans détour, Araminte sait jouer sur le double sens des mots.

• « Seriez-vous d'humeur à garder un intendant qui vous aime ? », lui demande sa mère. Araminte prend le verbe « aimer » dans le sens d'« apprécier », tout au plus d'« aimer bien »: « Est-ce qu'on ne peut me voir sans m'aimer ? Je n'y saurais que faire, il faut bien m'y accoutumer et prendre mon parti là-dessus. Vous lui trouvez l'air galant, dites-vous, je n'y avais pas pris garde, et je ne lui en ferai point un reproche ; il y aurait de la bizarrerie à se fâcher de ce qu'il est bien fait. Je suis d'ailleurs comme tout le monde, j'aime assez les gens de bonne mine » (III, 6). C'est une réponse de femme du monde habituée à manier le langage de la galanterie.

3. UNE QUÊTE DE LA SINCÉRITÉ

Ces ruses du langage traduisent la difficulté d'Araminte à parvenir à une pleine connaissance d'elle-même. Son être est longtemps divisé comme le montrent ses apartés. C'est, finalement par l'acceptation de la passion qu'elle trouve son unité au terme d'un jeu de la vérité parfois douloureux.

Des apartés révélateurs d'un déchirement intérieur

• *Les Fausses Confidences* comportent de nombreux apartés. Traditionnellement l'aparté fait connaître un personnage de l'intérieur en révélant ses pensées profondes, voire ses arrière-pensées. Marivaux en fait un usage particulier.

• Chez lui, l'aparté est un éclair de lucidité, la prise de conscience que le ressenti n'est pas le dit. Il est un déchirement de l'être. « La vérité est que voici une confidence dont je me serais bien passé moi-même », s'avoue Araminte à l'acte I (15). Mais ce qu'elle se dit à elle-même, elle ne l'avouera jamais à Dubois. Puis à l'acte II, quand Dorante décline l'offre de mariage d'une femme riche et « de quelque distinction » : « Il me touche tant, qu'il faut que je m'en aille » (II, 13) ; « Le cœur me bat ! » (II, 14), se dit-elle encore quand elle observe le malaise de Dorante qui ne parvient à écrire correctement la lettre qu'elle lui dicte.

• Les apartés traduisent ainsi la progression de l'amour et sa lente émergence à la conscience.

Un jeu de la vérité

• Le paradoxe est que l'acceptation de la passion passe par des stratagèmes et des faux-semblants. Araminte piège Dorante en lui dictant une fausse déclaration d'amour au Comte (II, 15) pour s'assurer de sa sincérité et se rassurer sur ses propres sentiments. Dorante, de son côté, ne se fait aimer d'elle que par les manœuvres de Dubois, sans qui rien n'aurait été possible. Son aveu final qui potentiellement risque de tout remettre en question prouve son absolue sincérité et honnêteté : « Dans tout ce qui s'est passé chez vous, il n'y a rien de vrai que ma passion, qui est infinie, et que le portrait que j'ai fait » (III, 13).

• Il n'en reste pas moins que l'amour partagé naît paradoxalement d'un jeu. Le marivaudage est une fiction qui engendre la vérité. En ce sens il relève de l'univers théâtral.

Un schéma pour retenir

Qu'est-ce que le marivaudage ?

1. **Un itinéraire sentimental en trois étapes**
   Aimer, s'avouer qu'on aime et dire à l'autre qu'on l'aime

2. **Un langage révélateur de l'inconscient**
   L'amour ne coïncidant jamais avec sa prise de conscience, ce qui est dit trahit ce que le personnage ressent souvent malgré lui

3. **Une quête de la sincérité**
   Les apartés des personnages révèlent leur déchirement intérieur et la prise de conscience progressive de l'amour

7 Une comédie de mœurs

Bâties sur une intrigue amoureuse, *Les Fausses Confidences* n'en sont pas moins une comédie de mœurs dépeignant, fût-ce discrètement, la société de leur temps. La bourgeoisie y apparaît comme une classe sociale montante, aux comportements nouveaux.

1. LA BOURGEOISIE, UNE CLASSE SOCIALE MONTANTE

Omniprésente, la bourgeoise s'affirme aux dépens de la noblesse, reflétant par-là une réalité sociale.

Une bourgeoisie omniprésente

• À l'exception du Comte, les principaux personnages appartiennent à la bourgeoisie : Araminte à la haute bourgeoisie, Mme Argante sans doute à la moyenne, Dorante, M. Remy et Marton à la petite.

• En soi, la présence de bourgeois dans une comédie n'est pas une nouveauté : les comédies de Molière au siècle précédent en campaient déjà de nombreux. Tous y étaient plus ou moins ridicules, affligés qu'ils étaient d'une manie, d'un travers ou d'un vice. Le bourgeois faisait rire, notamment la Cour et les nobles.

• Tel n'est pas le cas dans *Les Fausses Confidences* dont les personnages possèdent une certaine respectabilité, même l'acariâtre Mme Argante qui n'est comique que par son obsession d'ascension sociale.

Le discrédit de la noblesse

• Cette montée en puissance de la bourgeoisie s'effectue au détriment de la noblesse, représentée par le Comte. Le mariage entre des aristocrates et des femmes de la haute bourgeoisie financière était depuis longtemps une pratique courante. C'était, disait-on sous Louis XIV, « fumer ses terres » (c'est-à-dire se servir, pour un noble, de la dot de sa femme pour se rétablir financièrement ou engager des travaux). Elle lui apportait l'argent, il lui donnait son nom et ses titres.

• La nouveauté est qu'Araminte éconduit le Comte pour lui préférer un simple bourgeois. La défaite sentimentale du Comte se double même d'une défaite juridique, puisque la propriété sur laquelle il pensait avoir des droits ne lui appartient finalement pas.

Un reflet de l'évolution sociale

• Cette peinture sociale qu'esquisse Marivaux dans *Les Fausses Confidences* correspond aux mouvements de la société française dans le premier tiers du XVIIIe siècle. La relance économique qui se produit après la mort de Louis XIV (1715), le développement du commerce et de l'industrie sont pour l'essentiel l'œuvre de la bourgeoisie.

• Dans le domaine des idées, les philosophes des Lumières, dont Marivaux se sent proche, comptent dans leurs rangs de nombreux bourgeois (Voltaire, Diderot...).

2. DE NOUVEAUX COMPORTEMENTS

L'argent occupe une place croissante dans les rapports sociaux et jusque dans l'idée même que l'on se fait du mariage. Ce que traduit l'ambiguïté du mot « fortune ».

La place croissante de l'argent

• On parle beaucoup d'argent dans *Les Fausses Confidences*. Araminte possède « cinquante mille livres de rente ». La jolie femme qui, selon M. Remy, s'est éprise de Dorante, en a « quinze mille ». Marton héritera un jour d'« une vieille parente asthmatique » (I, 4). M. Remy lui-même a depuis longtemps prévu de faire de son neveu Dorante son héritier (I, 4). Le patrimoine dont on dispose devient un élément de caractérisation des individus, comme si chacun valait ce qu'il possédait.

• L'inflation, l'abondance des liquidités, la puissance des banquiers expliquent le rôle accru de l'argent dans les rapports sociaux. Non qu'auparavant on n'en ait pas tenu compte, mais on n'en parlait pas avec autant de facilité, même quand on menait grand train.

L'amour, le mariage et l'argent

• Longtemps, dans les milieux aisés de l'Ancien Régime, le mariage ne fut pas prioritairement et exclusivement une question d'amour. Il était d'abord une alliance entre deux familles. À mesure qu'elle s'impose et s'enrichit, la bourgeoisie se soucie de plus en plus de bien marier ses enfants.

• À Marton qu'il souhaite un temps marier à Dorante, M. Remy dit avec son franc parler coutumier : « Vous ne feriez pas une si mauvaise emplette » (I, 4). Une « emplette » est un achat. De son côté, Dubois dit à Dorante : « On vous épousera toute fière qu'on est, et on vous enrichira tout ruiné que vous êtes » (I, 2). L'argent n'exclut pas l'amour, mais l'amour se porte mieux quand il y a de quoi vivre.

L'ambiguïté du mot « fortune »

• Cette alliance de l'intérêt et de la passion s'exprime par le mot « fortune », qui revient à plusieurs reprises dans la bouche des personnages. Il désigne en effet la richesse, mais aussi la chance et le bonheur.

• « Dorante m'aime jusqu'à repousser sa fortune pour moi » (II, 9), dit par exemple Marton, au sujet de la femme dont Dorante est censé avoir repoussé les avances. Le mot est synonyme de richesse, de possession matérielle. Mais quand Dorante remercie Dubois de vouloir faire sa « fortune » (I, 2), pense-t-il à l'argent, à son bonheur, ou aux deux ? Et lorsque le Comte dit à Araminte qu'elle a voulu « faire la fortune » de Dorante, qu'entend-il exactement par ce mot ?

3. UN ARRIÈRE-PLAN SOCIAL DOULOUREUX

Araminte est riche, le Comte l'est et Dorante qui va le devenir, ne l'est pas encore au début de la pièce. Des malheurs familiaux sont suggérés. Leur évocation annonce une évolution de la conception même de la comédie.

La peinture de « malheurs » privés

- Dorante reconnaît n'avoir point de « bien » (I, 2), son oncle M. Remy confirme que son neveu n'a « rien ». Il est pourtant le fils d'un avocat et lui-même pourrait l'être (I, 7). On ne sait à la suite de quelles circonstances précises Dorante a tout perdu. Mais c'est suggérer que sa famille a été ruinée : par la banqueroute de Law qui a en partie ruiné Marivaux lui-même ? Quant à Marton, elle se retrouve « sans bien » après que son père, « un peu dérangé », a mal géré ses propres affaires.
- Dans les deux cas, il s'agit de faillite personnelle, de ce qu'on appellera quelques années plus tard des « malheurs domestiques » selon la formule de Diderot (1713-1784).

Vers la comédie et le drame bourgeois

- *Les Fausses Confidences* laissent ainsi entrevoir une réalité sociale, qui oriente le genre de la comédie vers une peinture plus âpre, moins idéalisée, des réalités sociales, où le comique reste limité et cantonné à quelques scènes. Deux ans auparavant, Marivaux s'était déjà engagé dans cette voie avec *la Mère confidente*. Vingt ans plus tard, Diderot théorisera cette aspiration à une nouvelle conception théâtrale avec ce qu'il appellera le drame bourgeois (*Le Fils naturel*, 1757 ; *Le Père de famille*, 1758-1761), fondé sur la vie privée.
- Dernière grande comédie de Marivaux, *Les Fausses Confidences* sont un reflet des évolutions de leur époque.

TROISIÈME PARTIE

Les Sujets corrigés

SUJET 1

EXPLICATION DE TEXTE

Un aveu calculé

Expliquez l'extrait ci-dessous, en vous efforçant d'en donner une lecture personnelle.

DUBOIS. – En un mot, vous en êtes quitte, et cela par le moyen de cette lettre qu'on vous a lue et que Mademoiselle Marton a tirée d'Arlequin par mon avis ; je me suis douté qu'elle pourrait vous être utile ; et c'est une excellente idée que j'ai eue là, n'est-ce pas, Madame.

ARAMINTE, *froidement.* – Quoi ! c'est à vous que j'ai l'obligation de la scène qui vient de se passer ?

DUBOIS, *librement.* – Oui, Madame.

ARAMINTE. – Méchant valet ! ne vous présentez plus devant moi.

DUBOIS, *comme étonné.* – Hélas ! Madame, j'ai cru bien faire.

ARAMINTE. – Allez, malheureux ! il fallait m'obéir ; je vous avais dit de ne plus vous en mêler ; vous m'avez jetée dans tous les désagréments que je voulais éviter. C'est vous qui avez répandu tous les soupçons qu'on a eus sur son compte, et ce n'est pas par attachement pour moi que vous m'avez appris qu'il m'aimait ; ce n'est que par le plaisir de faire du mal. Il m'importait peu d'en être instruite ; c'est un amour que je n'aurais jamais su, et je le trouve bien malheureux d'avoir eu affaire à vous, lui qui a été votre maître, qui vous affectionnait, qui vous a bien traité, qui vient, tout récemment encore, de vous prier à genoux de lui garder le secret. Vous l'assassinez, vous me trahissez moi-même. Il faut que vous soyez capable de tout, que je ne vous voie jamais, et point de réplique.

DUBOIS *s'en va en riant.* – Allons, voilà qui est parfait.

Les Fausses Confidences, acte III, scène 9

INTRODUCTION

Situation du passage

Le comte Dorimont vient de lire à haute voix et devant tous une lettre que Dorante a écrite à l'un de ses amis : il lui faisait part de son amour sans espoir pour Araminte et de son intention en conséquence de s'embarquer avec lui pour les Amériques. Cette lettre est en réalité le dernier stratagème imaginé par Dubois pour rendre publique la passion de Dorante, afin qu'Araminte ne puisse feindre de l'ignorer. Dubois pousse Araminte dans ses derniers retranchements, déclenchant ainsi sa colère : contre lui, mais aussi et peut-être surtout contre elle-même.

Présentation du mouvement du texte

Suite à l'aveu de Dubois (étape 1), Araminte domine de moins en moins son irritation (étape 2) et accable son valet de reproches (étape 3), provoquant chez lui un rire paradoxal (étape 4).

DÉVELOPPEMENT

L'aveu de Dubois : une vraie fausse confidence (l. 1-4)

Dubois avoue à Araminte être l'auteur du stratagème de la lettre : « par mon avis ». Si ce qu'il dit est exact (III, 1-3), l'intention dans laquelle il le dit, elle, ne l'est pas. Ce n'est pas, comme il le prétend, pour fournir à Araminte un prétexte à renvoyer Dorant (« vous en êtes quitte »), c'est, au contraire, pour la contraindre à se décider. Dubois pousse l'hypocrisie à vouloir se faire féliciter pour sa trouvaille : « c'est une excellente idée que j'ai eue là ».

L'irritation d'Araminte (l. 5-8)

- L'aveu de Dubois provoque l'étonnement d'Araminte : « Quoi ! » Á l'exclamation succède aussitôt une interrogation, qui est une demande de confirmation : « c'est à vous... » Le mot

« scène » possède le sens non d'une division d'un acte dans une pièce de théâtre mais de « moment pénible à vivre » (II, 8). La didascalie « froidement » précise le ton sur lequel s'exprime Araminte : c'est celui d'une femme indignée, qui toutefois sait encore se maîtriser.

■ Dubois confirme ses dires, mais sur un ton qui confine à l'insolence et à la provocation, comme le suggère la didascalie « librement ». D'où la colère d'Araminte, qui s'exprime de deux façons : par une condamnation (« méchant valet »), et par une quasi mise à la porte (« ne vous présentez plus devant moi »).

Les reproches d'Araminte à Dubois (l. 9-20)

■ L'hypocrite réponse de Dubois qui, « comme étonné », feint la maladresse déclenche la colère d'Araminte. De toute la pièce, c'est sa plus longue tirade. Celle-ci est un réquisitoire. Araminte reproche à Dubois : sa désobéissance : « il fallait m'obéir » ; et sa responsabilité dans tout ce qui s'est produit, le pronom personnel « vous » revenant avec insistance : « vous m'avez jetée », « c'est vous qui avez répandu. »

■ Le portrait qu'elle fait de Dubois devient celui d'un être maléfique, sadique, n'agissant que « par le plaisir de faire du mal ». Araminte se pose dès lors en victime de Dubois : « c'est un amour que je n'aurais jamais su ». Sans le savoir, elle confirme l'efficacité des stratagèmes de son valet. La première, elle s'interroge sur les motivations profondes de celui-ci : qui est-il vraiment ? Réaction des plus précieuses pour un metteur en scène qui voudrait faire des *Fausses Confidences* une pièce sombre.

■ L'insistant rappel de la bienveillance de Dorante n'en souligne que davantage, aux yeux d'Araminte, la noirceur de Dubois : la formule « qui vous affectionnait, qui vous a bien traité » s'oppose au constat sans appel : « vous l'assassinez, vous me trahissez moi-même ». L'association des pronoms personnels « l'[Dorante] » et « me » préfigure la formation du couple.

D'où sa condamnation de Dubois qui lui semble plus monstrueux qu'ingrat : « Il faut que vous soyez capable de tout. » Le verdict est celui d'un congé définitif : « que je ne vous voie plus jamais » ; et sans appel : « point de réplique ».

La réaction paradoxale de Dubois (l. 21)

Dubois « s'en va riant », comme le précise la didascalie, et se réjouit de la colère d'Araminte. Paradoxale à première vue, sa réaction montre qu'Araminte s'est comportée exactement comme il l'avait prévu. Si elle n'aimait déjà pas Dorante, pourquoi s'irriterait-elle de voir Dubois pousser à son renvoi ? Araminte est en définitive moins en colère contre Dubois que contre elle-même. D'où le rire, satisfait, de celui-ci.

CONCLUSION

L'ultime piège de Dubois a parfaitement fonctionné. Araminte ne peut dire aux autres et, surtout, se dire à elle-même qu'elle ignore l'amour que lui porte Dorante. Á elle désormais de décider de son attitude. L'intérêt dramatique s'en trouve relancé.

SUJET 2

DISSERTATION N° 1

Comique et stratagème

Selon un critique du XIXe siècle, « le stratagème est dans une comédie une source inépuisable d'amusement ».

Vous direz ce que vous pensez de cette affirmation dans un développement argumenté en vous appuyant sur votre lecture des *Fausses Confidences*, sur tous les textes que vous aurez lus dans le cadre du parcours « Théâtre et stratagème », et éventuellement sur vos autres lectures personnelles.

INTRODUCTION

Définition

Le stratagème est une ruse. Sa présence dans le genre comique est fort ancienne puisqu'elle se trouve déjà dans les comédies latines, chez Plaute par exemple, et dans la plupart des farces du Moyen Âge.

Problématique

Est-ce, comme on a pu le dire, parce qu'il est « une source inépuisable d'amusement » ? S'il est vrai que le stratagème est sous des formes et à des degrés divers est souvent plaisant, il n'en suscite pas moins plusieurs réserves. La théâtralité qui lui est inhérente et les lois du genre comique en amoindrissent toutefois la portée.

DÉVELOPPEMENT

Le stratagème, comme source d'amusement

Le stratagème est source d'amusement principalement de trois façons différentes : par le rire, par le sourire et par le plaisir de l'intelligence qu'il procure.

Lorsque le stratagème provoque le rire...

Le stratagème amuse quand il s'exerce aux dépens d'un personnage peu recommandable. Comme toute farce, *La Farce de maître Pathelin* repose sur une escroquerie. Maître Pathelin veut se procurer du tissu qu'il n'entend pas payer, tandis que, de son côté, le Drapier cherche à le lui vendre au prix fort. Qui volera l'autre ? Chacun des deux croit évidemment son stratagème infaillible. C'est le rire assuré.

Comme son nom l'indique, la comédie d'intrigue n'est qu'une succession de stratagèmes, plus ou moins heureux. Le plus souvent un valet ingénieux et fort peu scrupuleux y favorise les amours de son jeune maître qu'un père ou un tuteur désapprouve. La ruse consiste alors à contourner l'obstacle. Ce sont, chez Molière, les « fourberies » de Scapin ou, chez Beaumarchais, les efforts de Figaro pour permettre au comte Almaviva d'arracher la belle Rosine au sinistre Bartholo.

Le stratagème fait rire parce qu'il est au service d'une bonne cause - le triomphe de l'amour - et qu'il punit un défaut, une malhonnêteté ou une obstination déraisonnable.

Lorsqu'il fait sourire...

Le sourire supplante parfois le rire. Dans *Le Jeu de l'amour et du hasard,* Dorante et Silvia sont appelés à se marier, mais sans vraiment se connaître. Afin de se mieux observer, tous deux décident sans se concerter d'emprunter le nom, la tenue et les fonctions de leurs domestiques respectifs : Dorante devient Arlequin, qui prend la place de son maître; et Silvia devient Lisette, qui prend la place de sa maîtresse. Leur trouble, leur hésitation à s'avouer et à avouer qu'ils aiment, elle un valet, lui une soubrette ne peuvent que faire sourire et suscite chez le spectateur une bienveillance d'autant plus amusée qu'il sait que tout finira heureusement.

Lorsqu'il fait naître un plaisir plus subtil...

Le stratagème fait enfin naître un plaisir plus subtil chez le spectateur ou le lecteur : celui d'être le témoin privilégié d'une action. Un stratagème n'a en effet de valeur que si le spectateur en est préalablement informé – comme par exemple dans *Les Fausses Confidences* où, dès le début de la pièce, Dubois expose son plan même s'il n'en livre pas tous les détails. Informé des enjeux, le spectateur peut ainsi savourer l'ingéniosité du stratagème, l'habileté de sa mise en application et son efficacité. Contrairement aux personnages qui en sont les victimes, il sait et comprend tout. C'est un plaisir de l'intelligence.

Un amusement qui n'est pas sans ombre

L'amusement suscité par le stratagème n'exclut en effet ni l'inquiétude, ni la souffrance ni les interrogations.

Lorsque le stratagème génère de l'inquiétude...

Même momentanée, l'inquiétude n'en est pas moins réelle, dans, par exemple, *Tartuffe*. Pour convaincre Orgon, son mari, de l'hypocrisie de Tartuffe, Elmire cache Orgon sous une table afin qu'il entende les avances du séducteur à sa femme. La scène a de quoi faire rire. Sauf qu'Orgon tarde à bondir de dessous la table et à chasser Tartuffe. Un instant, le stratagème engendre une certaine appréhension tant chez Elmire que chez le spectateur : et si Orgon aveuglé par son protégé ne comprenait rien ? Cet instant, le metteur en scène est libre de plus ou moins le prolonger.

Lorsqu'il fait provoque de la souffrance...

Si plaisant soit-il, le stratagème peut faire souffrir. Dans *Les Fausses Confidences,* Marton, qui s'est éprise de Dorante, est victime des manipulations de Dubois. Elle a beau dire que la confiance retrouvée d'Araminte la console de sa déception, sa guérison est trop rapide pour être totale.

Le cas de Cyrano de Bergerac, dans la pièce de Rostand, est très particulier, puisqu'il est à la fois l'auteur du stratagème et sa victime. Poète spirituel mais laid, il aime Roxane qui aime le séduisant Christian, qui, lui, ne sait pas parler aux femmes. Aussi décide-t-il de littéralement lui souffler ses mots d'amour. Cette déclaration par procuration ne va pas sans déchirement chez Cyrano.

Lorsqu'il suscite des interrogations...

Si parfait et admirable soit-il, le stratagème pousse enfin à s'interroger sur les motivations du stratège. Qui est vraiment Dubois dans *Les Fausses Confidences* ? Il fait certes le bonheur d'un couple, mais pour quelles raisons ? Est-ce par volonté de puissance ? Pour montrer l'étendue de ses talents ? Plus il réussit, plus il inquiète. De quoi n'est-il pas en effet capable ? Araminte redécouvre certes l'amour, mais à la suite d'un piège qui lui a été tendu.

Des critiques atténuées par un triple effet

Si légitimes soient-elles, les réticences et critiques que peut soulever un stratagème s'atténuent toutefois sous le triple effet du jeu, de la théâtralité et des lois régissant le genre de la comédie.

Le stratagème est un jeu

Par définition, le stratagème est une fiction qui, tout idéalement vraisemblable qu'elle soit, fait entrer dans l'univers du jeu. Ses organisateurs sont ainsi des acteurs. Dubois joue au confident zélé d'Araminte, Dorante feint à plusieurs reprises l'étonnement. *Le Jeu de l'amour et du hasard,* dont les protagonistes savent qu'ils sont déguisés, porte bien son titre. Dans *Le Barbier de Séville,* le comte Almaviva imite un officier ivre dans l'espoir de tromper la vigilance de Bartholo.

Le stratagème instaure ainsi le règne de l'imaginaire où les lois et les règles de la vie réelle n'ont plus cours ou s'imposent avec moins de rigueur. Témoin de ce jeu, le spectateur songe plus à en apprécier la virtuosité qu'à s'inquiéter de ses éventuelles conséquences. Et qui plaindra Tartuffe, le vieux Bartholo, l'acariâtre Mme Argante et même le comte Dorimont ?

Il s'inscrit dans l'univers théâtral

Ce jeu amuse d'autant plus qu'il s'insère dans le jeu plus vaste de la représentation théâtrale, qui est elle-même une fiction. Le stratagème conduit à une théâtralité absolue, à laquelle les considérations morales sont étrangères. Seule compte la manière dont il se déploie, seule importe son issue, favorable ou non.

Il observe les lois de la comédie

La loi du genre exige enfin qu'une comédie connaisse un dénouement heureux. Elle n'a certes jamais constitué une obligation absolue : *Le Misanthrope* de Molière s'achève sur la séparation – provisoire ? – d'Alceste et de Célimène, de caractères et d'humeurs trop différents pour qu'ils envisagent de s'unir.

Il n'en demeure pas moins qu'en pratique les comédies se terminent souvent bien. Dubois réussit, comme il s'y était engagé à marier Dorante et Araminte. Le comte Almaviva épousera sa chère Rosine et Tartuffe sera démasqué et arrêté. Un dénouement heureux justifie les moyens utilisés pour y parvenir. Comme le dit Araminte, « il est permis à un amant de chercher les moyens de plaire, et on doit lui pardonner lorsqu'il a réussi ».

CONCLUSION

Le stratagème est donc bien une forme d'amusement privilégiée par la comédie. Son but peut être des plus variés : punir un escroc, démasquer un imposteur, entreprendre une conquête amoureuse. Ses moyens sont très divers : le mensonge, le déguisement vestimentaire, l'usurpation d'identité. S'il n'est peut-être pas au sens strict une « source inépuisable d'amusement », il en est en tout cas une source féconde.

SUJET 3

DISSERTATION N° 2

Une comédie immorale ?

Pensez-vous, comme on l'a parfois dit, que *Les Fausses Confidences* soient une comédie immorale ?

Vous répondrez à cette question dans un développement argumenté en vous appuyant sur votre lecture des *Fausses Confidences* ainsi que sur les textes que vous avez étudiés dans le cadre du parcours « Théâtre et stratagème »

INTRODUCTION

Amorce

L'intrigue des *Fausses Confidences* repose tout entière sur un stratagème : celui élaboré par Dubois pour marier Dorante à Araminte. Or tout stratagème est une ruse, une tromperie. Il n'y en a pas d'innocent. Aussi a-t-on pu dire que *Les Fausses Confidences* étaient une comédie immorale. Comme dans un procès, il convient d'examiner les arguments à charge et à décharge.

Problématique

Les Fausses Confidences peuvent effectivement apparaître en première analyse comme une comédie moralement inquiétante. Mais lui en faire le procès est, à la réflexion, injustifié, tant celui-ci reposerait sur une regrettable confusion entre l'art et la morale.

DÉVELOPPEMENT

Une comédie moralement inquiétante

Le comportement des personnages des *Fausses Confidences* peut souvent sembler répréhensible. Ainsi, les arguments à charge sont-ils nombreux.

L'omniprésence du mensonge

Dubois ment à Araminte quand il l'assure souhaiter le départ de Dorante. Araminte ment à Dubois quand elle lui soutient que Dorante ne s'est pas déclaré. Dorante ment par omission quand il laisse croire à Marton qu'il l'aime. Même un homme aussi intègre que monsieur Remy propage involontairement des mensonges. C'est en toute bonne foi qu'il dit qu'une « brune piquante » souhaite épouser Dorante au plus vite, sans se douter un seul instant qu'il est le jouet de Dubois.

La tentation constante du faux témoignage

Madame Argante incite Dorante à dire à Araminte qu'elle perdra son procès contre le Comte. Le Comte lui-même soudoie Marton pour qu'elle plaide sa cause auprès de sa maîtresse, en lui promettant mille écus en cas de succès. Il est tellement corrompu qu'il considère les gens honnêtes comme des « bons à rien ».

Des apparences sciemment trompeuses

La lettre dans laquelle Dorante annonce à l'un de ses amis sa décision de s'embarquer avec lui pour les Amériques est un piège tendu à Araminte et dans lequel celle-ci tombe. Le départ précipité de Dorante l'oblige en retour à se décider au plus vite. C'est poussée par Dubois que Marton surgit au moment précis où Dorante est aux genoux d'Araminte.

La manipulation, comme ressort de l'action

Plus que le comportement des personnages, c'est le ressort même de l'intrigue qui peut heurter. Si Dubois est un génial stratège, il est avant tout un manipulateur. Il manœuvre Araminte à sa guise, joue avec ses sentiments les plus profonds. « Il faut que vous soyez capable de tout », lui lance Araminte dans un éclair de lucidité.

[Transition] Le procès en immoralité des *Fausses Confidences* ne manque donc pas d'arguments. Il doit toutefois être fortement nuancé. Si contestables que soient les moyens auxquels recourt Dubois, leur finalité n'est pas moralement répréhensible.

Un procès injustifié

La question est moins de faire la liste des mensonges et des manipulations que de savoir quel projet ils servent et pour quelles raisons ils sont nécessaires.

Des manœuvres au service de l'amour

Mensonges et manipulations sont au service de ce qu'on pourrait appeler une bonne cause : celle de l'amour. Épris d'Araminte, Dorante n'a aucune chance de l'épouser en raison des différences sociales qui les séparent. Qu'il use de stratagèmes est dans ces conditions excusable et compréhensible. Araminte elle-même lui donne raison : « Il est permis à un amant de chercher les moyens de plaire, et on doit lui pardonner lorsqu'il a réussi. » Les révélations que lui fait Dorante au risque de se voir haï et repoussé prouvent son honnêteté : « J'aime mieux votre haine que le remords d'avoir trompé ce que j'adore. »

Un combat contre les « usages »

On peut par ailleurs se demander si l'immoralité supposée de la pièce ne tient pas aux préjugés de l'époque. Dans l'esprit de madame Argante comme dans celui du Comte, il est impensable qu'Araminte qui a « un rang dans le monde » puisse aimer et épouser un simple intendant. Ce serait à leurs yeux une inadmissible mésalliance. Dorante « n'est point digne » d'Araminte, car « il n'est riche qu'en mérite, et ce n'est pas assez », dit Dubois à Araminte, qui acquiesce même si c'est « d'un ton comme triste » : « Vraiment non, voilà les usages ». Comment combattre ces « usages », sans stratagème ?

Un moyen d'accéder à la vérité

Mensonges et manipulations remplissent enfin une fonction très particulière dans la pièce : ils permettent d'accéder à la vérité, ils ne la masquent pas, ils la font triompher. Ils forcent en effet Araminte à voir progressivement clair dans son cœur, ce qu'elle a refusé longtemps de faire : « Il m'importait peu d'en être instruite [de la passion de Dorante] ; c'est un amour que je n'aurais jamais su », dit-elle à Dubois. En décidant d'épouser Dorante, elle choisit d'être enfin elle-même, de se libérer des pressions sociales et maternelles qui s'exercent sur elle. Elle accède à son autonomie affective. Sans Dubois, elle aurait sans doute fini par épouser le Comte. Araminte et Dorante lui doivent leur bonheur. Peut-on dans ce cas toujours parler d'immoralité ?

[Transition] *Les Fausses Confidences* sont-elles une comédie immorale ou, au contraire, morale ? Le débat est difficile à trancher, tant on peut opposer à un argument un contre-argument. A-t-il au fond lieu d'être ?

Une confusion regrettable entre éthique et esthétique

Par principe, une œuvre artistique n'est ni morale ni immorale, elle est amorale, c'est-à-dire qu'elle ne se définit pas par rapport à des critères qui lui sont extérieurs. Tout jugement moral relève de l'éthique, qui définit les catégories du Bien et du Mal, qui précise un ensemble de valeurs. Qu'elle soit ou non littéraire, l'œuvre artistique relève de l'esthétique, qui en étudie la construction, les principales caractéristiques, le style, la conception qu'elle se fait du Beau. L'éthique et l'esthétique appartiennent ainsi à des domaines différents, étrangers l'un à l'autre.

Le fait de confondre éthique et esthétique n'a donc pas de sens

Dorante, Dubois, Araminte ne sont pas au sens propre des êtres humains, doués d'une conscience, d'une raison et de liberté. Ce sont ce qu'il est convenu d'appeler des « êtres de papier »,

c'est-à-dire qu'ils n'existent que dans la pièce de Marivaux. Ils n'ont pas d'existence hors du texte et de sa mise en scène. Juger de leur comportement d'après des critères moraux est absurde puisque les personnages ne peuvent ni s'expliquer ni se justifier.
Le faire est en outre dangereux. Remplacer l'esthétique par l'éthique conduit souvent à la censure. C'est ainsi que *Tartuffe* et *Dom Juan* de Molière furent, au XVIIe siècle, interdits de représentation ; que Flaubert pour son roman de *Madame Bovary,* ou Baudelaire pour son recueil des *Fleurs du mal,* furent traînés devant les tribunaux et leurs œuvres menacées d'interdiction de publication.

▬ *Les Fausses Confidences* sont-elles une exploration et une analyse du sentiment amoureux ?

C'est la seule question qui vaille. Ou, pour reprendre les mots mêmes de Marivaux, sont-elles une « anatomie du cœur humain » ? Ā l'esthétique dès lors d'étudier les moyens dont use Marivaux pour y procéder. Le plaisir que le lecteur ou le spectateur prend à la découverte de la pièce en prouve assez l'incontestable valeur.

CONCLUSION

L'intrigue des *Fausses Confidences* est un chef-d'œuvre d'analyse psychologique. Comme dans un mécanisme d'horlogerie, chacun de ses éléments interfère sur les autres. Les mots, sincères ou non, sont ces éléments. Seuls comptent leur emploi et leur subtilité. Libre ensuite au lecteur ou au spectateur de les condamner ou de les savourer.

PAPIER À BASE DE FIBRES CERTIFIÉES

Hatier s'engage pour l'environnement en réduisant l'empreinte carbone de ses livres. Celle de cet exemplaire est de :
300 g éq. CO_2
Rendez-vous sur www.hatier-durable.fr

Achevé d'imprimer par Grafica Veneta à Trebaseleghe - Italie
Dépôt légal n° 06373-0/01 - Décembre 2020